Steffen Clement
Konstantin Kittel
Sándor Vajna (Hrsg.)

Pro/ENGINEER Wildfire 2.0 – kurz und bündig

Aus dem Programm Maschinenelemente und Konstruktion

AutoCAD-Zeichenkurs
von H.-G. Harnisch

Leichtbau-Konstruktion
von B. Klein

FEM
von B. Klein

CATIA V5-Praktikum
herausgegeben von P. Köhler

Pro/ENGINEER-Praktikum
herausgegeben von P. Köhler

Konstruieren, Gestalten, Entwerfen
von U. Kurz, H. Hintzen und H. Laufenberg

CATIA V5 Grundkurs für Maschinenbauer
von R. List

Lehrwerk Roloff/Matek Maschinenelemente
von D. Muhs, H. Wittel, D. Jannasch, M. Becker und J. Voßiek

CATIA V5 – kurz und bündig
von S. Vajna und R. Ledderbogen

Steffen Clement
Konstantin Kittel

Pro/ENGINEER Wildfire 2.0 – kurz und bündig

Grundlagen für Einsteiger

Herausgegeben von Sándor Vajna

Studium Technik

Bibliografische Information Der Deutschen Bibliothek
Die Deutsche Bibliothek verzeichnet diese Publikation in der Deutschen Nationalbibliografie; detaillierte bibliografische Daten sind im Internet über <http://dnb.ddb.de> abrufbar.

1. Auflage April 2005

Lektorat: Thomas Zipsner

Der Vieweg Verlag ist ein Unternehmen von Springer Science+Business Media.
www.vieweg.de

Umschlaggestaltung: Ulrike Weigel, www.CorporateDesignGroup.de
Druck und buchbinderische Verarbeitung: Wilhelm & Adam, Heusenstamm
Gedruckt auf säurefreiem und chlorfrei gebleichtem Papier.
Printed in Germany

ISBN 3-528-04122-6

Vorwort

Am Lehrstuhl für Maschinenbauinformatik der Otto-von-Guericke-Universität Magdeburg werden Studenten seit fast zwölf Jahren an verschiedenen führenden CAD/CAM-Systemen mit dem Ziel ausgebildet, Grundfertigkeiten in der Anwendung der CAD/CAM-Technologie zu erwerben. Um die Spezialisierung auf ein System zu vermeiden, bearbeiten die Studenten einen Kanon von Übungsbeispielen auf mindestens vier verschiedenen CAD/CAM-Systemen.
Das vorliegende Buch nutzt die vielfältigen Erfahrungen, die während dieser Ausbildung erarbeitet wurden. In diesem Übungsbuch werden dem Leser die Grundlagen der parametrischen und featurebasierten 3D-Modellierung mit dem CAD/CAM-System Pro/ENGINEER Wildfire 2 vermittelt.

Der Fokus liegt auf einer kurzen, verständlichen Darstellung der grundlegenden Modellierungstechniken, beginnend mit einfachen Bauteilen. In den folgenden Kapiteln wird die Verknüpfung von Einzelteilen zu Baugruppen und die Ableitung technischer Zeichnungen behandelt. Als ein weiterer Schwerpunkt wird in diesem Buch die Erzeugung von Freiformgeometrien behandelt. Den Abschluss des Buches bildet ein Kapitel zur Blechteilerzeugung und eine Kurzzusammenfassung mit einem Überblick zu Foren in der CAD/CAM-Welt.

Durch den Aufbau des Textes in Tabellenform kann das Buch nicht nur als Schritt-für-Schritt-Anleitung, sondern auch als Referenz für die tägliche Arbeit mit dem System Pro/ENGINEER Wildfire 2 genutzt werden.

Das Buch wendet sich an Leser mit keiner oder geringer Erfahrung in der Anwendung von CAD/CAM-Systemen. Es soll das Selbststudium effektiv unterstützen und die weitere Beschäftigung mit der Software anregen.

Die Autoren danken Herrn Dipl.-Ing. Daniel Wolf und Herrn cand. mach. Stefan Pastoors für ihre Unterstützung bei der Erstellung des Manuskripts. Sie sind auch dankbar für jede Anregung aus dem Kreis der Leser bezüglich Inhalt und Reihenfolge der Modellierung mit Pro/ENGINEER Wildfire 2. Weiterer Dank gebührt Herrn Thomas Zipsner sowie allen beteiligten Mitarbeitern des Vieweg Verlags für die engagierte und sachkundige Zusammenarbeit bei der Erstellung des Buches.

Magdeburg, im Februar 2005

Univ.-Prof. Dr.-Ing. Sandor Vajna
Dipl.-Ing. Steffen Clement
Dipl.-Ing. Konstantin Kittel

Inhaltsverzeichnis

1 Allgemeine Einleitung

Pro/ENGINEER ist ein CAD/CAM-System, das in der Produktentwicklung eingesetzt wird. Das vorliegende Buch gibt einen Überblick über Grundlagen bei der Anwendung des CAD/CAM-Systems Pro/ENGINEER Version Wildfire 2.0:

- Entwicklung von 3D-Bauteilen durch Volumen- und Flächenmodellierung
- Baugruppenmodellierung
- Grundlagen der Zeichnungserstellung
- Erweiterte Flächenmodellierung
- Grundlagen der Blechteilmodellierung
- Arbeiten mit Familientabellen, Parametrisierung

Bei Pro/ENGINEER handelt es sich um einen parametrischen Modellierer, der sich durch folgende Kriterien auszeichnet:

- die direkte Manipulierbarkeit der Elemente (Feature) inklusive einer Überprüfung auf Konsistenz und Erzeugbarkeit der geänderten Elemente
- die Möglichkeit des Aufbringens technologischer Informationen an den Elementen (z. B. Fräsvorgabe für eine Fläche)
- Baumstruktur mit der Möglichkeit, direkt auf erzeugte Elemente zuzugreifen
- die Möglichkeit des regelbasierenden (wissensbasierenden) Konstruierens durch die Integration von Abhängigkeiten zwischen einzelnen Parametern

Das Programm bietet in einem Skizzenmodus, dem sog. Sketcher, die Möglichkeit, eine vorläufige zweidimensionale, automatisch bemaßte Skizze zu erstellen. Die Art der Bemaßung kann vom Anwender an entsprechende Anforderungen und Richtlinien angepasst werden. Aus der regenerierten Skizze entsteht beispielsweise durch Profilverschiebung, Rotation oder Ziehen (entlang einer vorgegebenen Kurve) das Flächenmodell oder der Volumenkörper. Daher kann von einem „skizzenorientierten" Prinzip gesprochen werden. Das „Skizzieren" hat sich als eine elegante und schnelle Entwurfsmethode herausgestellt. Es wird auf dem Bildschirm skizziert, wie auf einem Blatt Papier, beispielsweise werden gerade Linien in etwa horizontal oder vertikal angeordnet. Wenn die geraden Linen nicht exakt horizontal oder vertikal sind, erkennt das CAD-System diese Linien automatisch als horizontal oder vertikal. Ebenso erkennt das System im sogenannten Sketcher Symmetrien (durch Mittellinien), Tangentenstetigkeiten, Linien oder Radien gleicher Länge, die zu kennzeichnen sind oder automatisch gekennzeichnet werden.

1.1 Grundlegende Begriffe

Begriff	**Erläuterung**
Doppelklick	Zweifache Betätigung einer Maustaste
Eingabezeile	siehe Abschnitt 1.8 (Konstruktionswerkzeugleiste)
LMB	(Left Mouse Button), Linke Maustaste
MMB	(Middle Mouse Button), Mittlere Maustaste
RMB	(Right Mouse Button), Rechte Maustaste
Button	Beschriftetes Feld zum Ein-/Ausschalten von Funktionalitäten
Icon	Graphisches Feld zum Ein-/Ausschalten von Funktionalitäten
Selektieren	Auswählen eines Geometrieobjektes mit der Maus
DTM	(Datum Plane) Bezugsebene zur Platzierung der Skizzen

Zur besseren Übersichtlichkeit der im Buch beschriebenen praktischen Beispiele wurden verschiedene Formatvorlagen verwendet. Werte, die über die Tastatur einzugeben sind, stehen immer in Spitzklammern (<12>). Die folgende Tabelle zeigt und erläutert die im Buch verwendeten Konventionen:

Konvention	**Erläuterung**	**Beispiel**
(...)	Hinweis oder Erläuterung einer Aktion zum besseren Verständnis	(mehrere Elemente mit STRG + LMB wählen)
Fett	Windows-Fenster mit Nennung der Fensterüberschrift	**Referenzen**
TIMES NEW ROMAN	Symbolleisten, Bereiche der Programmoberfläche, Menüpunkte...	MENUELEISTE, HAUPT-ARBEITSFENSTER
Times New Roman	Funktionen, Drop-Down Menüs Iconbezeichnung (Schaltfläche)	*Speichern* *Extrudieren-Tool*
→	Aktionen, die vom Programm automatisch ausgeführt werden	→ Skizzieransicht wird geöffnet
⇒	Abfolgen von Aktionen, die nacheinander ausgeführt werden müssen	DATEI ⇒ *Öffnen*
<Wert>	Tastatureingabe eines Zahlenwertes	<120>
<Wert X, Y, Z>	Tastatureingabe des X-, Y-, und Z-Wertes, Trennung durch Komma.	<23, 34, 45>
<Name>	Eingabe der Zeichenkette „Name“	<yes>

1.2 Benutzungsoberfläche

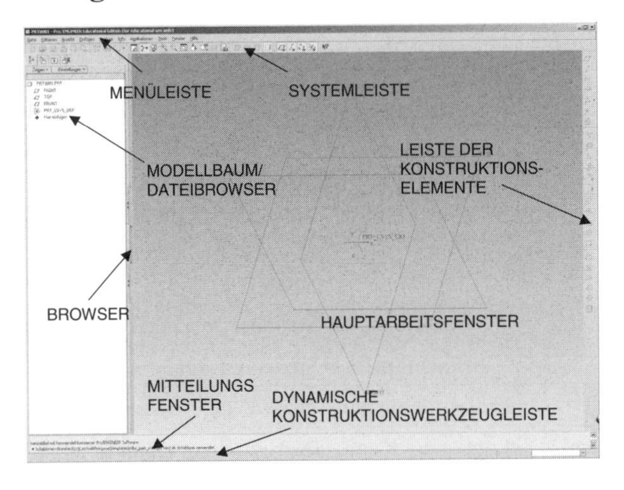

1.3 Menüleiste

Die MENUELEISTE enthält sämtliche Funktionen, die das CAD/CAM-System Pro/ENGINEER bietet. Alle Funktionen, die in der Benutzungsoberfläche direkt über Icons (Schaltflächen) gewählt werden können, sind in der MENUELEISTE unter den Menüpunkten *Einfügen* und *Editieren* zu finden. Die benötigten Befehle werden mit dem Mauszeiger angewählt, wobei im MITTEILUNGSFENSTER die Kurzinformation zu dem jeweiligen Befehl angezeigt wird. Nach dem Selektieren des jeweiligen Icons erscheint entweder ein Untermenü oder eine Aufforderung, einen Wert einzugeben bzw. ein Element auszuwählen. Zu beachten ist, dass abgeblendet dargestellte Icons momentan nicht aktiv sind und somit nicht angewählt werden können. Grundsätzlich ist vor dem Selektieren eines Icons das zu bearbeitende Konstruktionselement zu markieren.

1.3.1 Menü DATEI

Die wichtigsten Befehle im Menü DATEI

Neu 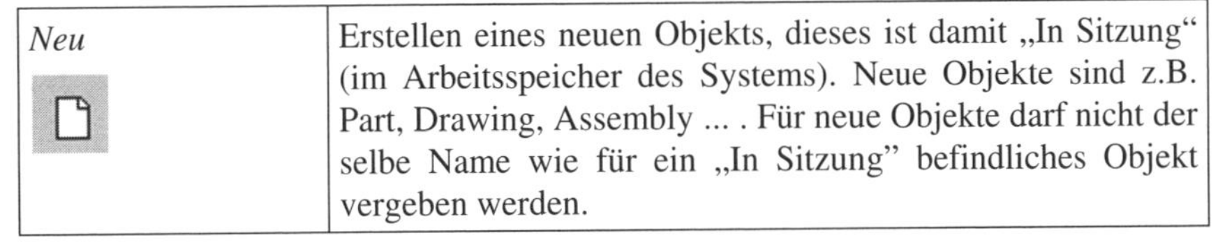	Erstellen eines neuen Objekts, dieses ist damit „In Sitzung“ (im Arbeitsspeicher des Systems). Neue Objekte sind z.B. Part, Drawing, Assembly ... . Für neue Objekte darf nicht der selbe Name wie für ein „In Sitzung” befindliches Objekt vergeben werden.

Öffnen	Ein vorhandenes Objekt öffnen (dies ist damit „In Sitzung").
Arbeitverzeichnis festlegen	Festlegen des Verzeichnisses, in dem Pro/ENGINEER die erzeugten Modelle speichert. Das Arbeitsverzeichnis ist bei der Installation einzustellen (z.B.: EIGENE DATEIEN).
Speichern	Sichert das aktuelle Objekt im Arbeitsverzeichnis. Pro/ENGINEER versioniert die gespeicherten Objekte bei jedem Speichervorgang. Hinter die Endung wird jeweils eine entsprechende Nummer gesetzt. Bauteil.prt = Speichervorgang 1 Bauteil.prt.1 = Speichervorgang 2 Bauteil.prt.x = Speichervorgang x
Wegnehmen	Entfernt gewählte Objekte aus „Sitzung" (Arbeitsspeicher).
Kopie speichern	Legt eine Kopie des aktuellen Objekts an, die Kopie darf nicht den selben Namen wie ein „In Sitzung" befindliches Objekt besitzen. Das Objekt kann durch Auswahl des entsprechenden Dateityps in verschiedene Formate (STL, IGES, STEP, STL, VRML, VDAFS ...) exportiert werden.
Löschen	Löscht entweder alle Versionen oder alle bis auf die aktuelle Version eines Objekts.

1.3.2 Menü EDITIEREN

Das Menü EDITIEREN enthält Befehle zum Bearbeiten von bereits vorhandener Geometrie. Die wichtigsten Befehle im Menü EDITIEREN:

Spiegeln	Spiegelt Konstruktionselemente (KE) an einer Ebene. Erleichtert das Modellieren symmetrischer Bauteile.
Bewegen	Erstellt und bewegt eine Kopie eines KEs entlang einer gewählten Richtung.
Regenerieren	Jedes Konstruktionselement (KE) wird dabei neu erzeugt und auf die Erfüllung vorhandener Regeln überprüft. Das Regenerieren nach Änderungen ist von Vorteil, da die Ergebnisse der Änderungen im HAUPTARBEITSFENSTER nicht zu sehen sind. Standardmäßig erfolgt das Regenerieren automatisch.
Muster	Erstellt Muster von KEs z.B. zum Erzeugen von Bohrungen auf einem Lochkreis.

1.3.3 Menü ANSICHT

Das Menü ANSICHT enthält Befehle zur Veränderung der Darstellung des Modells sowie der Benutzungsoberfläche. Die wichtigsten Befehle im Menü ANSICHT:

Bildaufbau	Frischt die aktuelle Ansicht auf.
Schattieren	Stellt das Objekt schattiert da.
ORIENTIERUNG	Verändert die Orientierung des Objekts im 3D-Raum.
FARBE UND FARBEFFEKTE	Öffnet ein Fenster mit der Möglichkeit einem Objekt oder einzelnen KEs Farben oder Farbeffekte zuzuweisen.
MODELL EINRICHTEN	*Lichtquellen* (Einstellung oder Erzeugung von Lichtquellen) *Perspektive* (Manipulation der Objektdarstellung) *Raum-Editor* (Darstellungsperspektive des Modells) *Rendersteuerung* (Einstellung zum 3D-Raum [z.B. Texturen für Wände], Optionen zum Rendern von Objekten)
DARSTELLUNGS-EINRICHTUNGEN	*Modelldarstellung* (Einstellungen zur Darstellung des Modells im Hauptfenster) *Bezugdarstellung* (Auswahl der darzustellenden Bezüge) *Systemfarben* (Einstellen der Systemfarben für Bezüge,...)

1.3.4 Menü EINFÜGEN

Das Menü EINFÜGEN enthält alle Befehle zum Erzeugen von Konstruktionselementen. Die wichtigsten Befehle sind zusätzlich in der LEISTE DER KONSTRUKTIONSELEMENTE über Icons wählbar.

1.3.5 Menü Analyse

Das Menü ANALYSE enthält Befehle zum Messen und Analysieren eines Objekts. Die wichtigsten Befehle im Menü ANALYSE:

MESSEN ermittelt geometrische Maße zwischen Kurven, Punkten,... z.B.:

Kurvenlänge	Länge der gewählten Kante oder Kurve messen.
Flächeninhalt	Den Flächeninhalt beliebiger Flächen auf dem Bauteil, einer Sammelfläche oder gewählten Flächen messen.
Durchmesser	Den Durchmesser beliebiger Flächen messen, die durch Rotation eines skizzierten Elements oder durch Verlängern von Bögen oder Kreisen erzeugt wurden.

Abstand	Abstände in Relation zu einem Basiselement messen. Das Basiselement ist das Referenzelement. Nach der Auswahl des Basiselements können von diesem Element aus beliebig viele Abstände gemessen werden (abwechselndes Wählen anderer Elemente). Das Programm berechnet Abstände in Relation zum ersten Element, bis der Messvorgang durch das Wählen eines neuen Basiselements neu startet.
Winkel	Den Winkel zwischen zwei Elementen messen. Bei den Elementen kann es sich um Achsen, planare Kurven oder planare nicht-lineare Kanten handeln.

MODELLANALYSE ermittelt modellspezifische Werte, z.B.:

Modell Massenwerte	Volumen, Flächeninhalt, Dichte, Masse, Schwerpunkt
Querschnitt und Massenwerte	Flächeninhalt des Querschnitts, Schwerpunkt usw.
Einseitiges Volumen	Berechnung des Modellvolumens auf einer Seite einer ausgewiesenen Ebene.
Kurze Kante	Länge der kürzesten Kante in einem gewählten Teil oder einer gewählten Komponente.
Kantentyp	Bestimmung des zum Erzeugen der gewählten Kante verwendeten Geometrietyps.

1.3.6 Menü INFO

Das Menü INFO enthält Befehle, mit denen verschiedenste Informationen zum Objekt abgerufen werden können. Über den Menüpunkt INFO ⇒ *KE* sind Informationen zu einem bestimmten Konstruktionselement abrufbar. Die wichtigsten Befehle im Menü INFO:

Geometrieprüfung	Überprüfung der Geometrie auf mögliche Fehler, die bei der Regenerierung Probleme verursachen könnten. z.B. • überlappende Geometrie (Fläche schneidet sich selbst) • sich deckende Flächenkanten (eine solche Fläche besitzt keinen Flächeninhalt) • invertierte Geometrie, unzulässige Kanten usw.
Modell	Informationen zum Modell und einzelnen KEs: Gewöhnliche KEs, Unterdrückte KEs, Koordinatensysteme, Querschnitte, Referenzbemaßungen, unvollständige KEs

Beziehungen / Parameter	Informationen zu den erstellten Parametern sowie den Beziehungen der Parameter untereinander.

1.3.7 Menü APPLIKATIONEN

Über das Menü APPLIKATIONEN können zusätzliche Module gestartet werden, wie Vernetzungsprogramme für die Vorbereitung der Daten für Simulationen (FEM, CFD,...) oder selbsterstellte Applikationen. Die wichtigsten Befehle im Menü APPLIKATIONEN:

Standard	Erstellen von Bauteilen, Baugruppen, Layouts,...
Blech	Modul zur Erstellung von Blechbauteilen.
Mechanica	Pro/ENGINEER eigenes Berechnungsprogramm, z.B. zur statischen und dynamischen Festigkeitsberechnung von Bauteilen.
Mechanism	Modul zur Erstellung von Bewegungsabläufen. Die Bestimmung physikalischer Größen der Bewegungssimulation ist möglich.

1.3.8 Menü TOOLS

Die wichtigsten Befehle im Menü TOOLS

Beziehungen	Erstellen von Beziehungen (Restriktionen) zwischen Parametern, Editieren der Beziehungen, dient zur Erzeugung parametrischer Modelle.
Parameter	Erstellen von Parametern.
Umgebung	Einstellung der Programmumgebung, bspw. Darstellungsoptionen für Modelldarstellung sowie die Darstellung von Hilfselementen.
Optionen	Zugriff auf die `config.pro`. In dieser Textdatei sind Konfigurationseinstellungen gespeichert, diese können geändert werden, um Pro/ENGINEER an die eigenen Bedürfnisse anzupassen. In der `config.pro` sind alle Einstellungen (Einheiten, Ausgabeformate, Linienstärken,...) gespeichert. Optionen in der Datei `config.pro` besitzen normalerweise folgendes Format: *konfigurationsoptionsname wert.* Befindet sich die `config.pro` im bei der Installation angegebenen Startverzeichnis, wird diese beim Programmstart automatisch geladen.
Programm	Zugriff auf die Programmiersprache Pro/PROGRAM.

Familien-tabelle	Erstellen von Familientabellen, diese enthalten die entscheidenden Parameter (Führungsparameter) für die verschiedenen Ausprägungen eines Grundmodells zur Variantenerzeugung.

1.3.9 Menü HILFE

Die wichtigsten Befehle im Menü HILFE:

Hilfe Center	Öffnen der Pro/ENGINEER-Hilfe.
Was ist das?	Kontextbezogene Hilfe.

1.4 SYSTEMLEISTE

Diese Leiste enthält Befehle zum schnellen Erstellen, Öffnen, Speichern und Drukken von Objekten. Außerdem kann hier die Darstellung (Kantendarstellung, Schattieren) des Bauteils modifiziert werden.

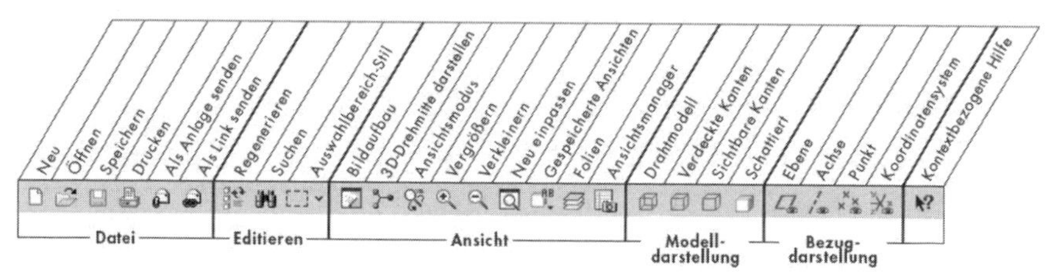

[© Pro/ENGINEER Wildfire Kurzreferenz]

1.5 MODELLBAUM / DATEIBROWSER

In diesem Fenster kann zwischen MODELLBAUM, DATEIBROWSER, FAVORITEN und VERBINDUNGEN umgeschaltet werden.

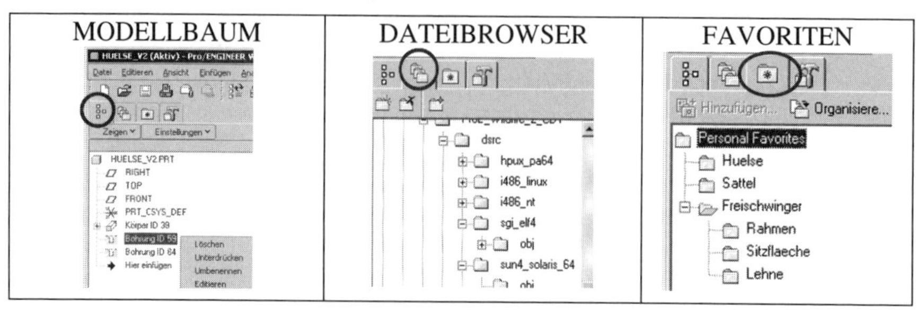

1.5.1 MODELLBAUM 

Der MODELLBAUM enthält alle erzeugten Konstruktionselemente/Features [KE]. Die jeweiligen KEs sind im MODELLBAUM in Erzeugungsreihenfolge aufgelistet. Der MODELLBAUM bietet einen Überblick über die Entstehungsgeschichte des Modells und ermöglicht einen schnellen Zugriff auf alle KEs. KE mit der RMB selektieren, daraufhin erscheint ein Menü mit weiteren Funktionen:

Löschen Löschen Unterdrücken Umbenennen Editieren Definition editieren Referenzen editieren	Entfernt ein KE. Alle späteren Elemente, die auf das gelöschte KE referenziert sind, werden ebenfalls gelöscht (im Modellbaum wird daraufhin markiert, welche KEs gelöscht werden).
Unterdrücken	Das Unterdrücken von KEs, hat die gleiche Wirkung wie das temporäre Entfernen aus der Regenerierung. Unterdrückte KEs werden nicht mehr im Modell berücksichtigt, sind jedoch nicht gelöscht. Das Unterdrücken von KEs kann jederzeit wieder aufgehoben werden (RMB auf KE → zurückholen).
Umbenennen	Umbenennen des Kes.
Editieren	Bemaßung des Bauteils editieren.
Info	Information zum KE, zu Eltern-KEs und Kind-KEs.
Definitionen editieren	Mit dieser Funktion können alle Definitionen, die bei der Erzeugung des KEs getroffen werden editiert werden, z.B.: • Ändern der Skizze, Richtung der Extrusion, Rotation usw.
Muster	Erstellen eines Musters (Kopien) ausgehend vom gewählten KE.

1.5.2 DATEIBROWSER 

Ähnlich dem Microsoft-Explorer kann hiermit auf alle verfügbaren Dateien zugegriffen werden. Der Inhalt des jeweiligen Ordners wird im sich rechts davon öffnenden Fenster angezeigt. Die gewünschte Datei kann einfach per Drag & Drop im Hauptfenster geöffnet werden.

1.5.3 FAVORITEN

Hiermit ist ein schneller Zugriff auf häufig benötigte Ordner möglich. Um auf die benötigten Ordner zugreifen zu können, müssen diese zuvor als Favoriten angelegt werden. Dies ist mit dem Icon *Organisiere...* möglich.

1.5.4 VERBINDUNGEN

Dieses Fenster bietet schnellen Zugriff auf Lösungsseiten und -dienste oder andere wichtige Verbindungen der Firma Parametric Technologie (PTC).

1.6 Hauptarbeitsfenster

Im Hauptarbeitsfenster wird das aktuelle Objekt interaktiv dargestellt. Das dargestellte Modell kann gedreht, vergrößert, verkleinert und verschoben werden (siehe Abschnitt 1.11 Mausteuerung). Bei Doppelklick mit LMB auf ein KE kann dessen Bemaßung geändert werden. Mit RMB auf ein KE können Informationen zum KE oder Editierfunktionen aufgerufen werden.

1.7 MITTEILUNGSFENSTER

Unterhalb des HAUPTARBEITSFENSTERS befindet sich das MITTEILUNGS-FENSTER. Im MITTEILUNGSFENSTER werden Systeminformationen sowie Befehlsinformationen ausgegeben. Das Fenster dient nicht nur als wichtiges Informationsmedium des Programms, sondern dient gleichzeitig auch als Eingabemedium für den Benutzer.

Pro/ENGINEER gibt immer eine verbale Auskunft, welcher Schritt notwendig ist bzw. was das System vom Benutzer erwartet (i.d.R. Schrift) sowie eine einzeilige Online-Hilfe (i.d.R. gelbe Schrift). Bei der Eingabe von verlangten Namen oder Werten ist zu beachten, dass der in eckigen Klammern stehende Name oder Wert bei Bestätigen mit der Enter-Taste oder der MMB (mittleren Maustaste) ohne vorangegangene Eingabe übernommen wird.

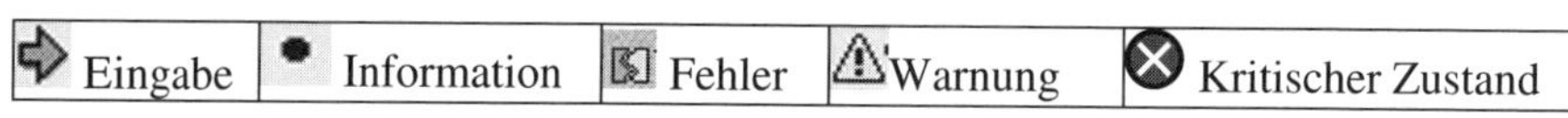

Eingabe	Information	Fehler	Warnung	Kritischer Zustand

1.8 KONSTRUKTIONSWERKZEUGLEISTE

In der DYNAMISCHEN KONSTRUKTIONSWERKZEUGLEISTE werden je nach gewähltem KE-Tool die für die Erzeugung benötigten Funktionen dargestellt. Im linken Bereich sind die Funktionen, die zur Definition des KEs benötigt werden, z.B. Erzeugung eines Schnitts, Eingabe von Materialdicken, Radien, Rotationswinkel usw. Im rechten Bereich (KE-Steuerung) gibt's es folgende Funktionen:

Pause	Unterbricht die Arbeit im aktuellen Tool/KE-Erzeugung.
Fortsetzen	Setzt die Arbeit im aktuellen Tool fort.

Vorschau	Erzeugt eine Vorschau der bereits definierten Geometrie.
OK	Bestätigen der Definitionen und Erzeugen des KEs.
Abbrechen	Erzeugung des KEs abbrechen.

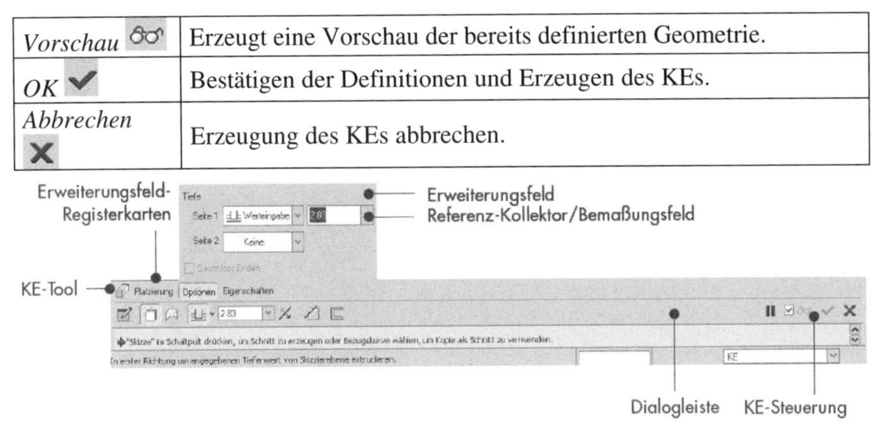

[© Pro/ENGINEER Wildfire Kurzreferenz]

1.9 LEISTE DER KONSTRUKTIONSELEMENTE

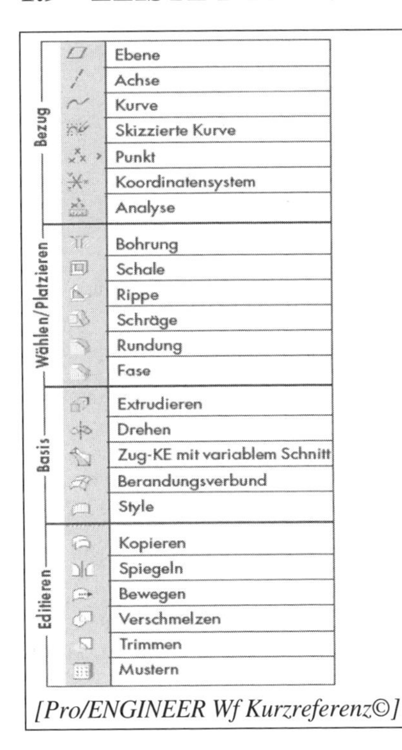

[Pro/ENGINEER Wf Kurzreferenz©]

In dieser Leiste sind die verschiedenen Tools (Werkzeuge) zur Erzeugung und Bearbeitung von Konstruktionselementen enthalten. Zu Beginn einer Sitzung ist die Mehrzahl der Tool-Buttons (Schaltflächen, Icons) inaktiv. Die Icons werden erst aktiviert, wenn das System die Möglichkeit der Erzeugung weiterer Elemente erkennt (kontextsensitiv).

Icons zum Erzeugen von KEs

Je nach erzeugten KEs werden dann weitere Icons aktiviert. Es werden immer nur die Icons aktiviert die zum jeweiligen Zeitpunkt ausgeführt werden können.

Icons zur Bearbeitung vorhandener KEs

Nach Auswahl eines KEs mit LMB im Hauptarbeitsfenster oder Modellbaum werden weitere Buttons aktiviert. Es werden immer nur die Icons aktiviert die an dem gewählten KE ausgeführt werden können.

1.10 Individuelles Anpassen des Bildschirms

Mit Hilfe des Befehls MENUELEISTE → TOOLS → *Bildschirm anpassen* können unter anderem die folgenden Anpassungen vorgenommen werden:

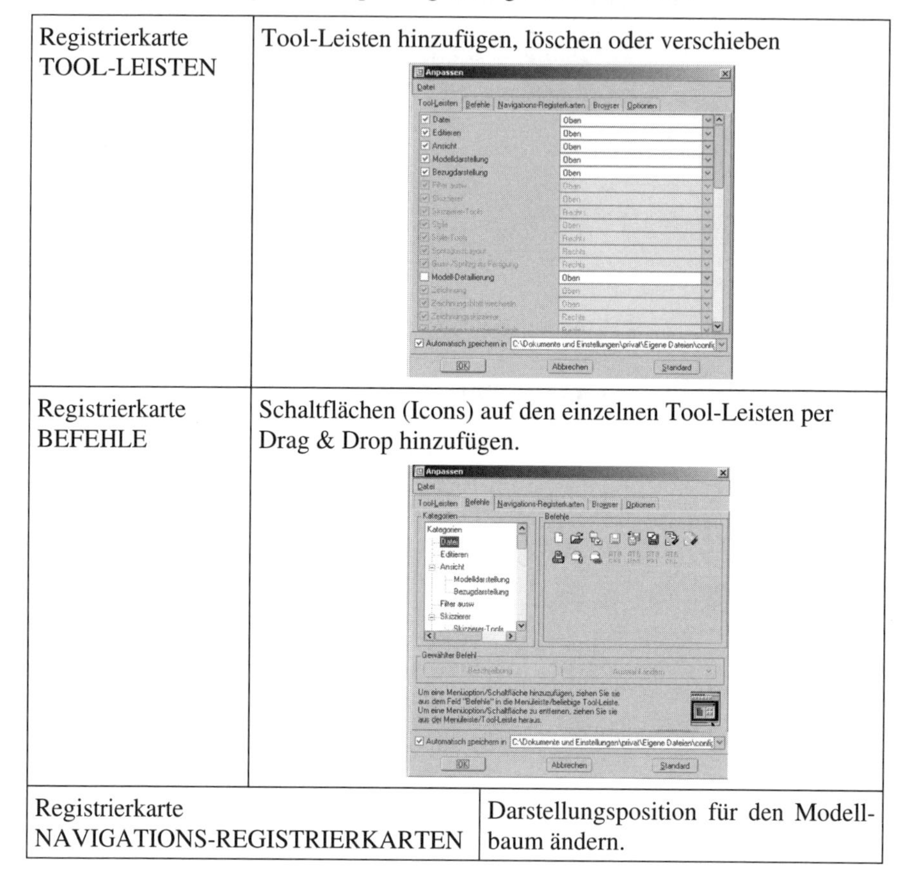

Registrierkarte	Funktion
Registrierkarte TOOL-LEISTEN	Tool-Leisten hinzufügen, löschen oder verschieben
Registrierkarte BEFEHLE	Schaltflächen (Icons) auf den einzelnen Tool-Leisten per Drag & Drop hinzufügen.
Registrierkarte NAVIGATIONS-REGISTRIERKARTEN	Darstellungsposition für den Modellbaum ändern.

1.11 Maussteuerung

Einsatz der Maus zur Bewegung des Bauteils und Auswahl von KEs.

Nachdem ein Konstruktionselement gewählt wurde, kann mit RMB ein Popup-Menü mit einer Liste möglicher Funktionen eingeblendet werden. Welche Funktionen eingeblendet werden, hängt vom gewählten Konstruktionselement ab. Mögliche Funktionen sind bspw. Löschen, Unterdrücken, Editieren, Definitionen editieren, Muster.

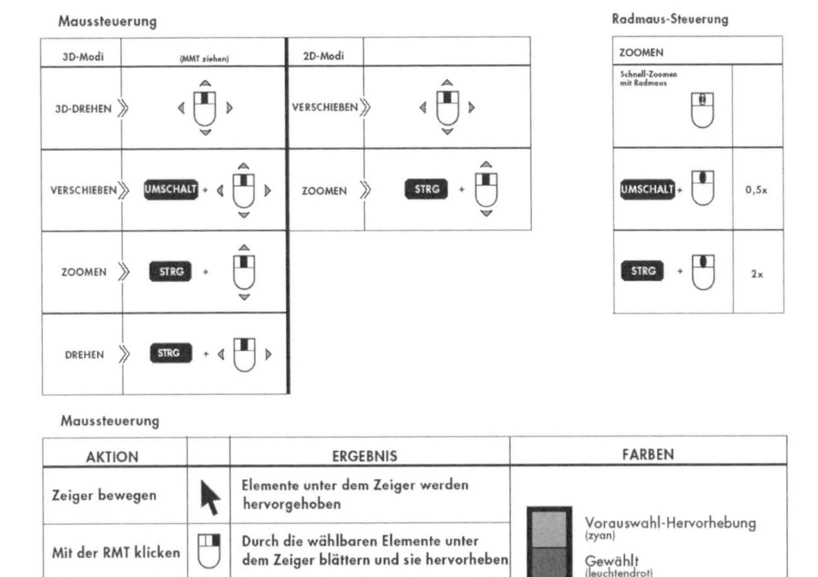

Maussteuerung

AKTION		ERGEBNIS	FARBEN
Zeiger bewegen		Elemente unter dem Zeiger werden hervorgehoben	Vorauswahl-Hervorhebung (zyan) Gewählt (leuchtendrot) Sekundäre Gewählte (orange) Vorschaugeometrie (gelb) Sekundäre Vorschaugeometrie (blassgelb)
Mit der RMT klicken		Durch die wählbaren Elemente unter dem Zeiger blättern und sie hervorheben	
Mit der LMT klicken		Hervorgehobenes Element wird gewählt	
STRG +		Elemente hinzufügen/entfernen	
UMSCHALT +		Kette oder Kurvensatz wählen	

[© Pro/ENGINEER Wildfire Kurzreferenz]

1.12 Datenverwaltung

Für jede Pro/ENGINEER-Sitzung gibt es ein Verzeichnis, das als Arbeitsverzeichnis bezeichnet wird. Aus diesem werden Daten geladen und gespeichert. Das zu verwendende Verzeichnis wird bei der Installation oder durch den Nutzer angegeben. Entsprechend der Betriebsart, in der ein Datensatz erzeugt wurde, erhalten die Dateien eine von Pro/ENGINEER vorgegebene Endung (Suffix), z.B. <name>.prt.1. Da die Endungen durch einen Punkt vom eigentlichen Dateinamen getrennt werden, dürfen in den Namen keine Punkte vorhanden sein. Beim Aufruf einer Datei mit Versionsnummer verwendet Pro/ENGINEER die Version mit der höchsten Nummer. Soll eine ältere Version geladen werden, muss der gesamte Dateiname mit Suffix eingegeben werden (z.B. <name>.prt.3). Die alten Versionen eines Objekts können über DATEI ⇒ WEGNEHMEN ⇒ *alte Versionen* entfernt werden. Dazu muss sich die Datei im aktuellen Arbeitsverzeichnis befinden und in der aktuellen Sitzung geladen sein.

Suffix	*.prt, *.drw, *.asm
Bedeutung	Teil (part), Zeichnung (drawing), Baugruppe (assembly)

1.12.1 Anlegen neuer CAD-Dateien

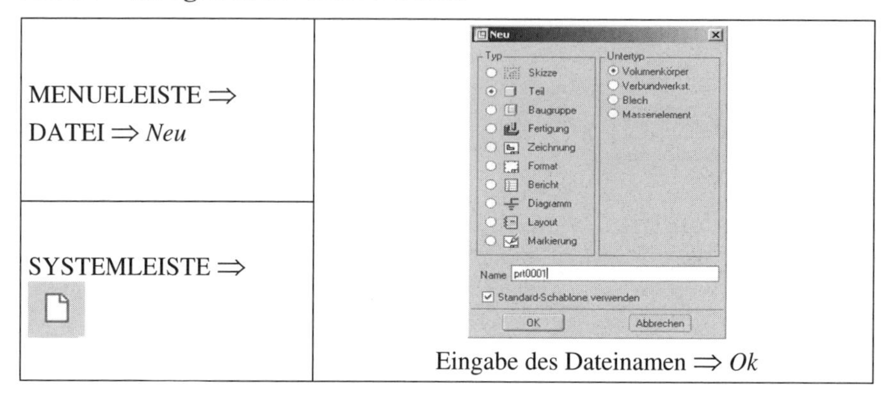

MENUELEISTE ⇒ DATEI ⇒ *Neu*	
SYSTEMLEISTE ⇒	Eingabe des Dateinamen ⇒ *Ok*

1.12.2 Öffnen bestehender CAD-Dateien

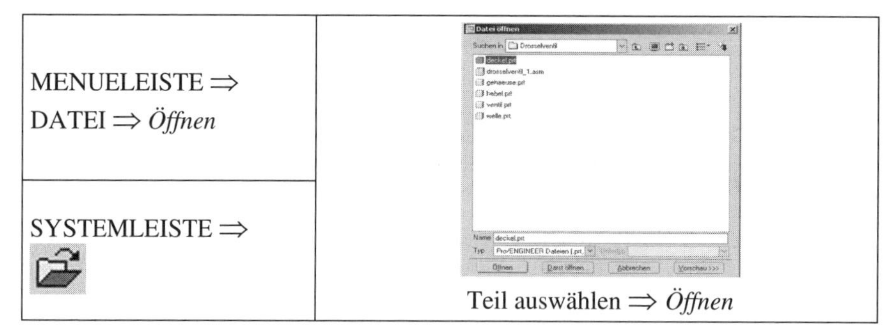

MENUELEISTE ⇒ DATEI ⇒ *Öffnen*	
SYSTEMLEISTE ⇒	Teil auswählen ⇒ *Öffnen*

1.12.3 Speichern einer Datei

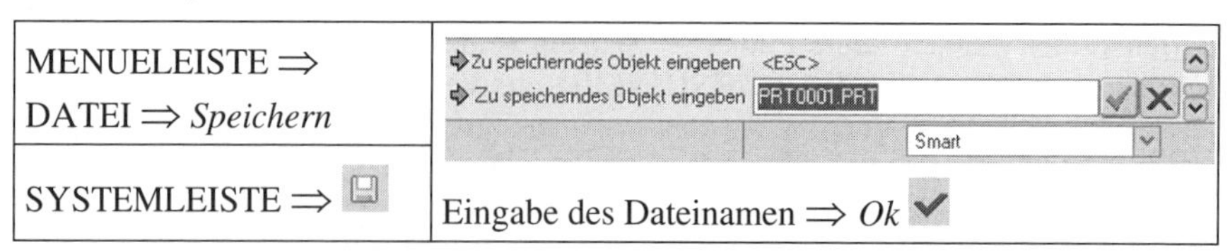

MENUELEISTE ⇒ DATEI ⇒ *Speichern*	
SYSTEMLEISTE ⇒	Eingabe des Dateinamen ⇒ *Ok*

1.13 Hinweise und Tipps

1.13.1 Online-Hilfen

Wird der Cursor über ein Icon bewegt, so erscheint eine einzeilige Kurzinformation zum jeweiligen Befehl in schwarzer Schrift auf gelben Grund. Um eine ausführliche Information zu den entsprechenden Menüpunkten zu erhalten, bietet die Online-Hilfe gute Möglichkeiten, Probleme selbständig zu lösen. Um Wartezeiten bei einer späteren Nutzung der Online-Hilfe zum vermeiden, sollte man den Browser offen lassen.

1.13.2 Protokollierung

Die Trail-Datei, die von Pro/ENGINEER automatisch erzeugt wird, enthält die Dokumentation aller durchgeführten Arbeitsschritte. Diese Datei kann nach eventuellen Systemausfällen zur Modellierung herangezogen werden. Es ist jedoch darauf zu achten, dass veraltete Trail-Dateien gelöscht werden. Durch das Löschen dieser Daten wird Speicherplatz freigegeben. Daher bietet sich außerdem an, die Trail-Dateien in einem separaten Verzeichnis zu speichern.

- Anlegen eines Ordners z.B. trail
- Konfigurationsdatei Öffnen: MENUELEISTE ⇒ Tools ⇒ Optionen

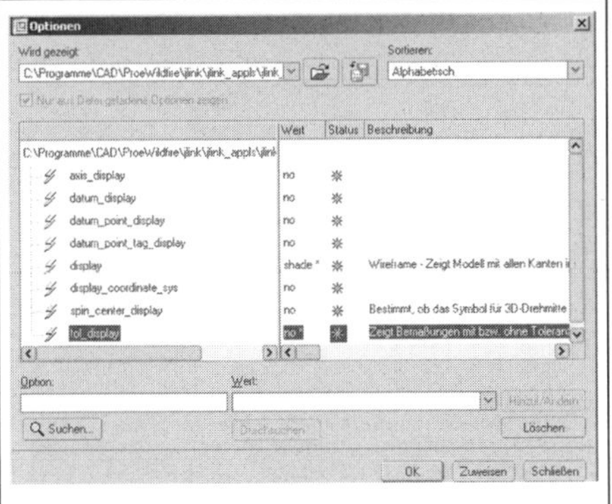

Falls die Option „trail_dir" bereits vorhanden ist:

- im Fenster „Wert" den Pfad zum gewünschten Ordner angeben

Falls die Option „trail_dir" noch nicht vorhanden ist:

- im Fenster „Option" <trail_dir> eingeben ⇒ im Fenster „Wert" den Pfad zum gewünschten Ordner angeben ⇒ LMB Button *Hinzuf/ Löschen*

1.13.3 Beenden von Pro/ENGINEER

MENUELEISTE ⇒ DATEI ⇒ *Beenden*

Bevor Pro/ENGINEER geschlossen wird, ist darauf zu achten, dass der aktuelle Stand der Bauteilmodellierung gespeichert wird. Beim Beenden von

Pro/ENGINEER gehen sonst alle Daten verloren (es gibt standardmäßig keine Sicherheitsabfrage).

Eine Sicherheitsabfrage beim Beenden lässt sich aktivieren, indem in der config.pro der Konfigurationsoptionsname *promt_on_exit* auf den Wert <*„yes“*> gesetzt wird.

1.13.4 Manipulation der Bildschirmdarstellung

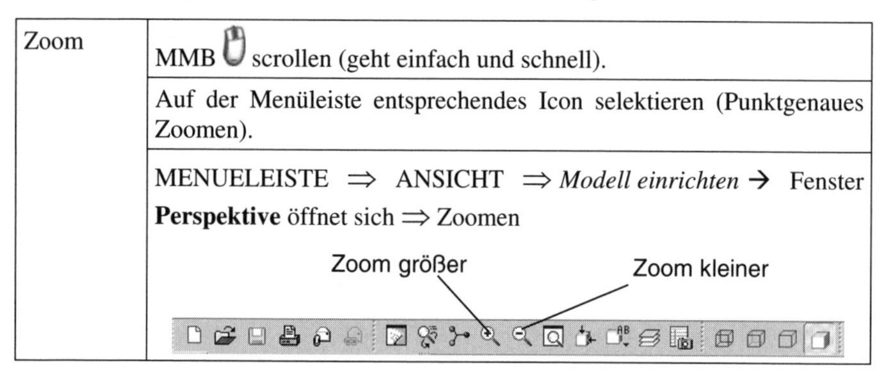

Zoom	MMB scrollen (geht einfach und schnell).
	Auf der Menüleiste entsprechendes Icon selektieren (Punktgenaues Zoomen).
	MENUELEISTE ⇒ ANSICHT ⇒ *Modell einrichten* → Fenster **Perspektive** öffnet sich ⇒ Zoomen

Einpassen (Bauteil im Arbeitsfenster komplett anzeigen)

Einpassen	MENUELEISTE ⇒ ANSICHT ⇒ ORIENTIERUNG ⇒ *Neu einpassen*
	Auf der Menüleiste entsprechendes Icon selektieren.

Dynamisches Drehen

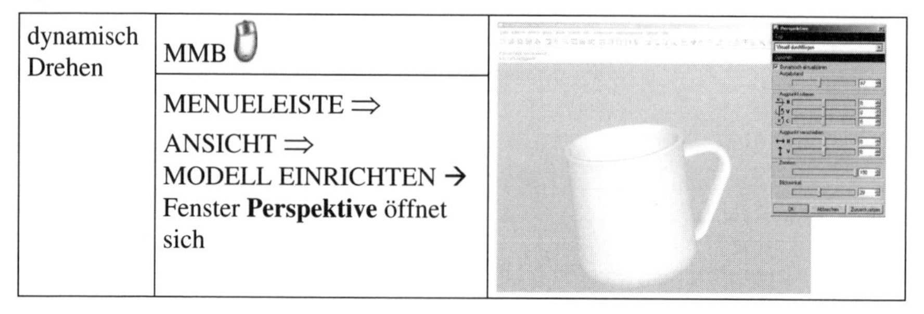

dynamisch Drehen	MMB
	MENUELEISTE ⇒ ANSICHT ⇒ MODELL EINRICHTEN → Fenster **Perspektive** öffnet sich

Schattieren

Schattieren	MENUELEISTE → ANSICHT → Schattieren

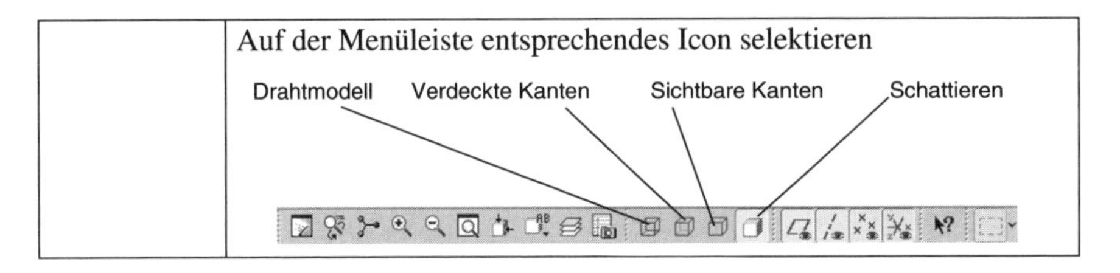

	Auf der Menüleiste entsprechendes Icon selektieren

Farben zuweisen

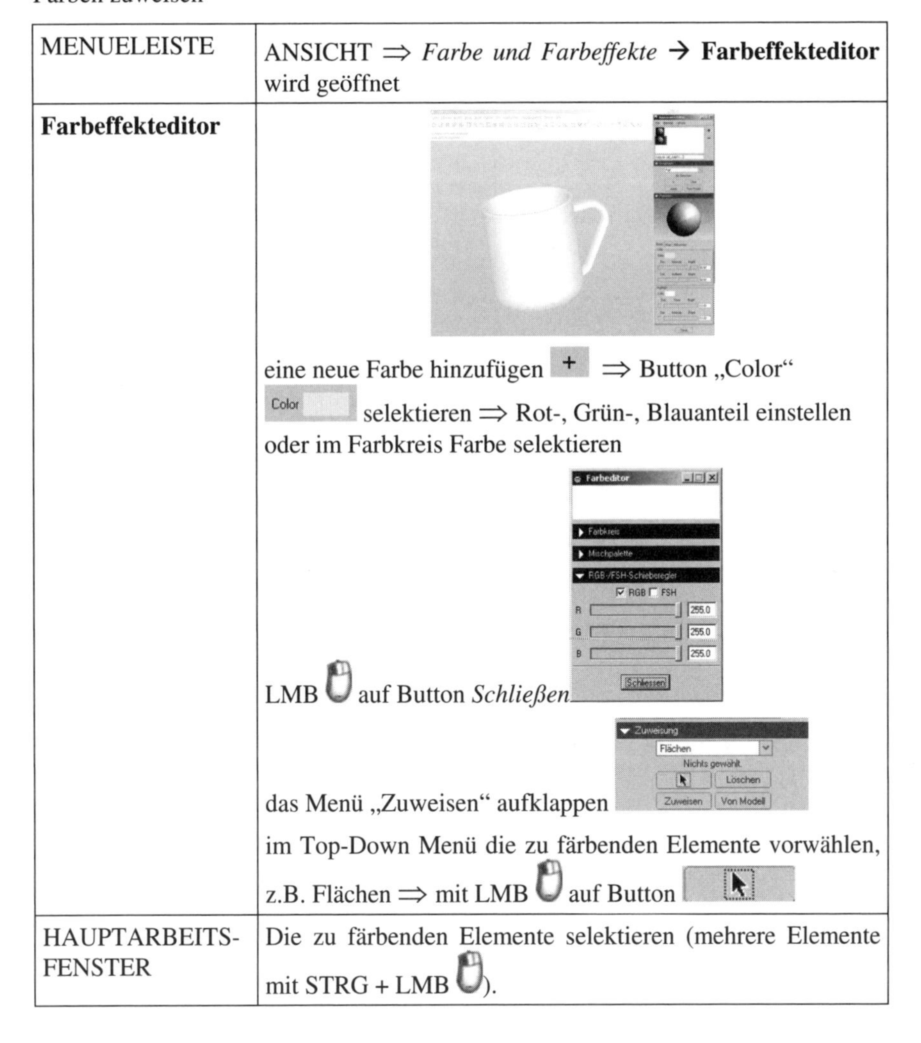

MENUELEISTE	ANSICHT ⇒ *Farbe und Farbeffekte* → **Farbeffekteditor** wird geöffnet
Farbeffekteditor	eine neue Farbe hinzufügen + ⇒ Button „Color" Color selektieren ⇒ Rot-, Grün-, Blauanteil einstellen oder im Farbkreis Farbe selektieren Farbeditor: Farbkreis, Mischpalette, RGB-/FSH-Schieberegler, RGB, FSH, R 255.0, G 255.0, B 255.0, Schliessen LMB auf Button *Schließen* Zuweisung: Flächen, Nichts gewählt, Löschen, Zuweisen, Von Modell das Menü „Zuweisen" aufklappen im Top-Down Menü die zu färbenden Elemente vorwählen, z.B. Flächen ⇒ mit LMB auf Button
HAUPTARBEITS-FENSTER	Die zu färbenden Elemente selektieren (mehrere Elemente mit STRG + LMB).

Farbeffekteditor	Mit LMB auf *Zuweisen* wird den gewählten Elementen die Farbe zugewiesen. Mit LMB auf *Schließen* den **Farbeffekteditor** schließen.

1.13.5 Bezugsdarstellung

Um die standardmäßig voreingestellten Ebenen und das Koordinatensystem ein- und auszuschalten, in der Menüleiste entsprechendes Icon selektieren.

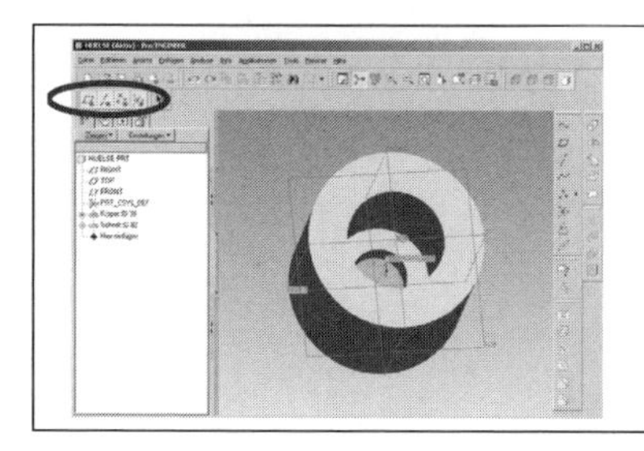	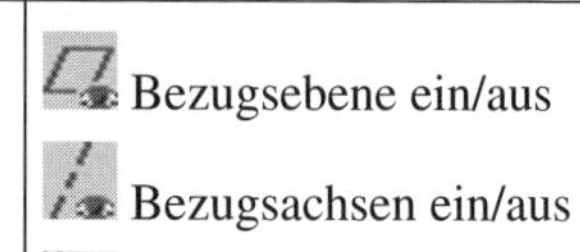 Bezugsebene ein/aus Bezugsachsen ein/aus 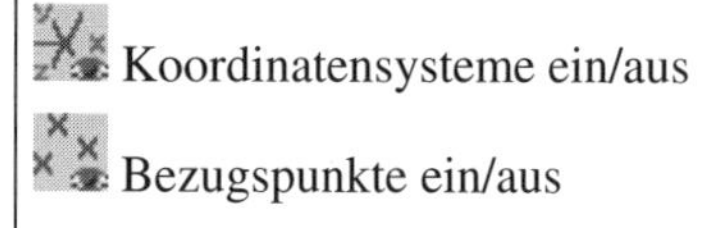 Koordinatensysteme ein/aus Bezugspunkte ein/aus

2 Übung 1: Hülse

Pro/ENGINEER Wildfire 2 bietet vielfältige Möglichkeiten zur individuellen Anpassung des CAD-Systems. Darunter fällt auch das Erscheinungsbild der Programmoberfläche. Hierbei können die Symbolleisten frei auf der Programmoberfläche verteilt werden. Weiterhin ist es möglich, häufig benötigte Funktionen den Symbolleisten hinzuzufügen. Dadurch kann es passieren, dass sich die individualisierte Programmoberfläche von der in diesem Buch zugrunde liegenden Programmoberfläche unterscheidet und somit Unterschiede in Position und Vorhandensein von Icons und Symbolleisten möglich sind. Die in diesem Buch gezeigten Bilder beziehen sich auf die standardmäßig vorgegebene Programmoberfläche (Standard „`config.pro, config.win`").

Sollten bestimmte Toolbuttons nicht in den im Buch angegebenen Symbolleisten zu finden sein, können sämtliche Funktionen zum Erstellen und Editieren von KES über die Menüpunkte EDITIEREN und EINFÜGEN aufgerufen werden.

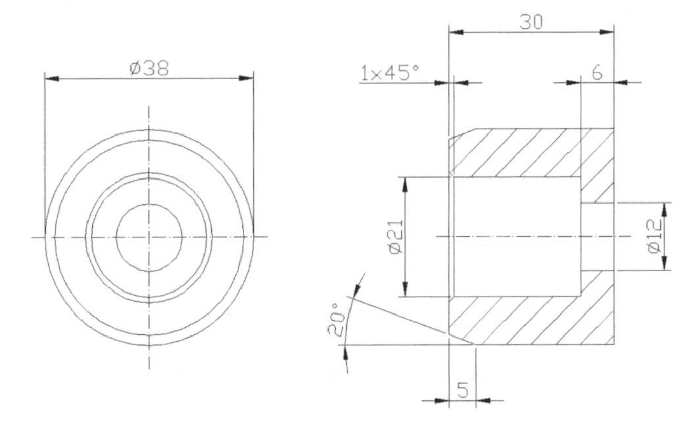

Zur Darstellung von Grundfunktionen der Volumenmodellierung in Pro/ENGINEER wird das Bauteil „Hülse" in mehreren Varianten erzeugt. Die unterschiedlichen Vorgehensweisen bei der Modellierung lassen einen Vergleich zu und verdeutlichen im wesentlichen die Methodik der Modellierung. Die zur Modellierung der Hülse angewendete Vorgehensweise lässt sich problemlos auf einfache Bauteile aus Regelgeometrien übertragen. Die Hülse soll in verschiedenen Varianten erstellt werden, wobei die Variante 2 die in der Praxis übliche Vorgehensweise darstellt. Die Skizzen zum Erzeugen von Rotations- oder Extrusionskörpern sollen so einfach wie möglich sein. Elemente wie Fasen, Bohrungen, Ausformschrägen sind jeweils als einzelne Elemente (Features) zu erzeugen.

2.1 Modellierung Variante 1

- Rotation einer Rechteckfläche
- Rotation einer Bohrungskontur
- Feature Fase

Neue Datei erzeugen

MENUELEISTE ⇒ DATEI ⇒ *Neu* oder SYSTEMLEISTE ⇒ 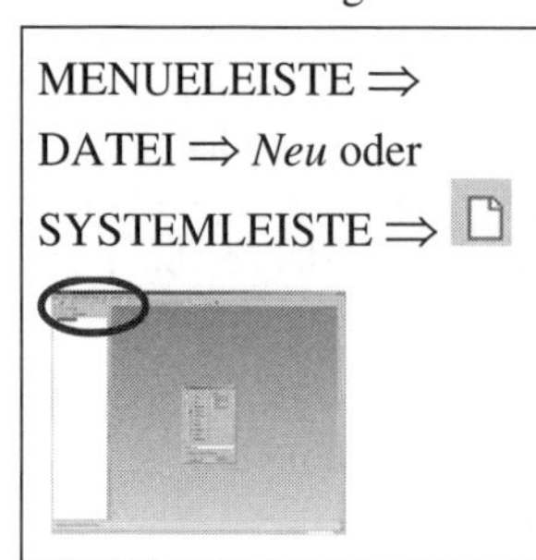	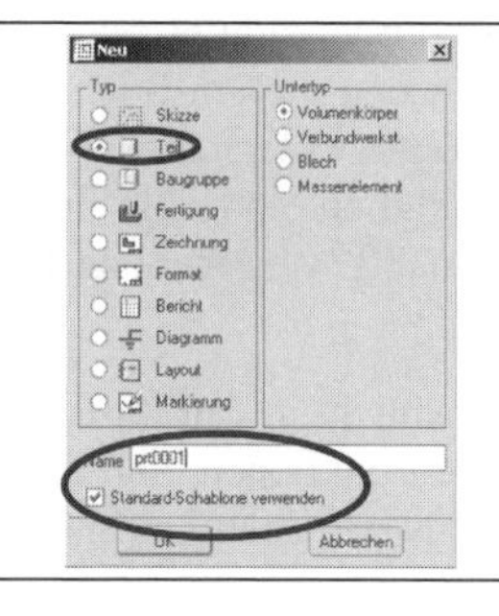	⇒ Eingabe des Dateinamen ⇒ OK (oder ENTER) Der Dateiname darf keine Sonderzeichen, Umlaute enthalten und nicht länger als 31 Zeichen sein.

2.1.1 Erzeugen von Bezugselementen

Erzeugen des Koordinatensystems		
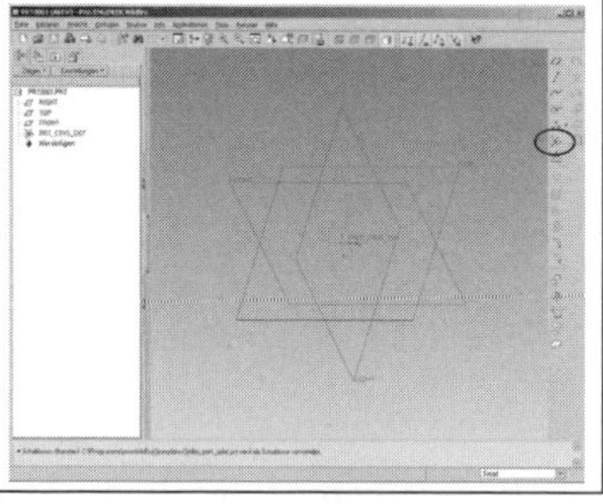	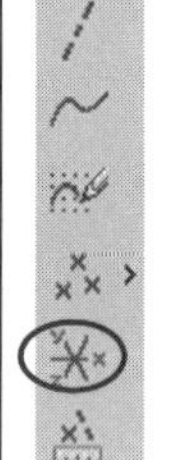	Das Koordinatensystem ist standardmäßig voreingestellt. Im Menü BEZUG können weitere Koordinatensysteme erzeugt werden. Mit den Button *Bezugskoordinatensystem-Tool* wählen, um weitere Koordinatensysteme zu erzeugen.
Erzeugen der Bezugsebenen		
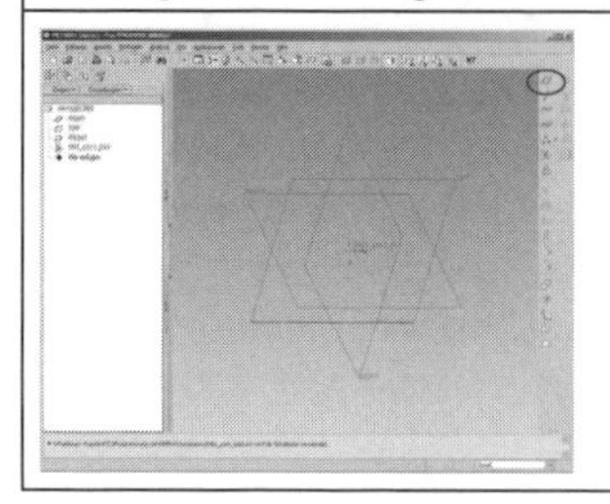		Die Bezugsebenen (FRONT, TOP, RIGHT) sind standardmäßig voreingestellt. Im Menü BEZUG können weitere Ebenen erzeugt werden. Mit LMB den Button *Bezugsebenen-Tool* wählen, um weitere Bezugsebenen zu erzeugen.

2.1.2 Erzeugen des Außenzylinders

Wahl der Erzeugungsart

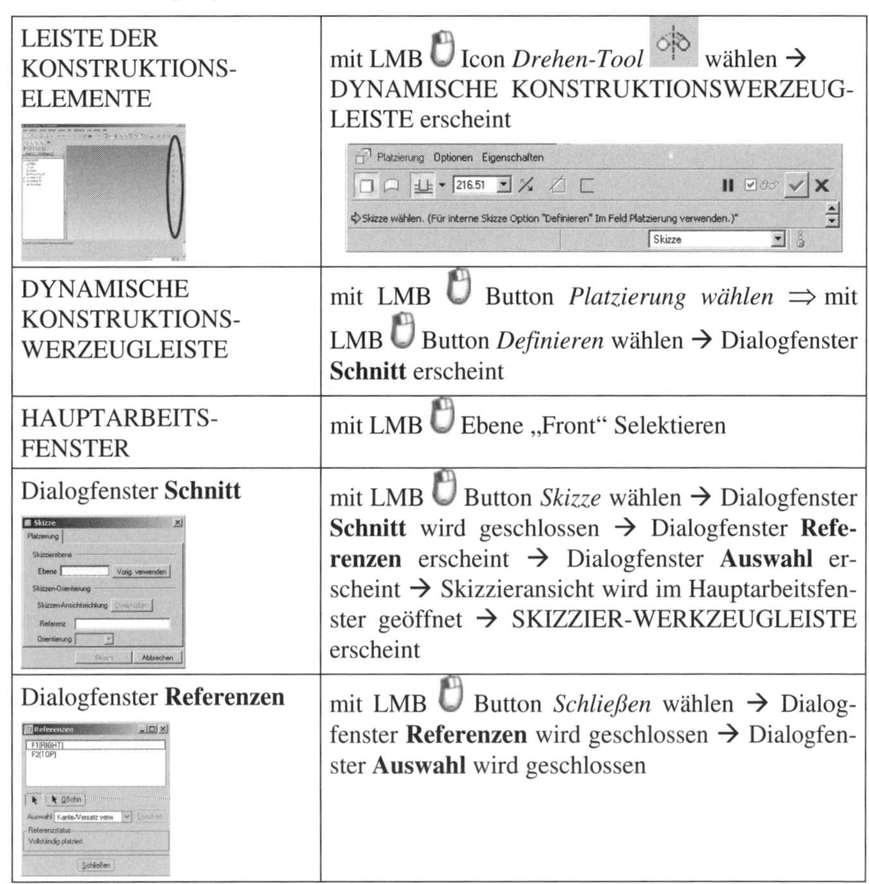

LEISTE DER KONSTRUKTIONS-ELEMENTE	mit LMB Icon *Drehen-Tool* wählen → DYNAMISCHE KONSTRUKTIONSWERZEUG-LEISTE erscheint
DYNAMISCHE KONSTRUKTIONS-WERZEUGLEISTE	mit LMB Button *Platzierung wählen* ⇒ mit LMB Button *Definieren* wählen → Dialogfenster **Schnitt** erscheint
HAUPTARBEITS-FENSTER	mit LMB Ebene „Front" Selektieren
Dialogfenster **Schnitt**	mit LMB Button *Skizze* wählen → Dialogfenster **Schnitt** wird geschlossen → Dialogfenster **Referenzen** erscheint → Dialogfenster **Auswahl** erscheint → Skizzieransicht wird im Hauptarbeitsfenster geöffnet → SKIZZIER-WERKZEUGLEISTE erscheint
Dialogfenster **Referenzen**	mit LMB Button *Schließen* wählen → Dialogfenster **Referenzen** wird geschlossen → Dialogfenster **Auswahl** wird geschlossen

Festlegen der Grundfläche und der Rotationsachse

Die SKIZZIERWERKZEUGLEISTE enthält alle Funktionen, die zum Erstellen, Ausrichten und Bemaßen von Skizzen nötig sind. Eine Übersicht der Funktionen zeigt die folgende Tabelle:

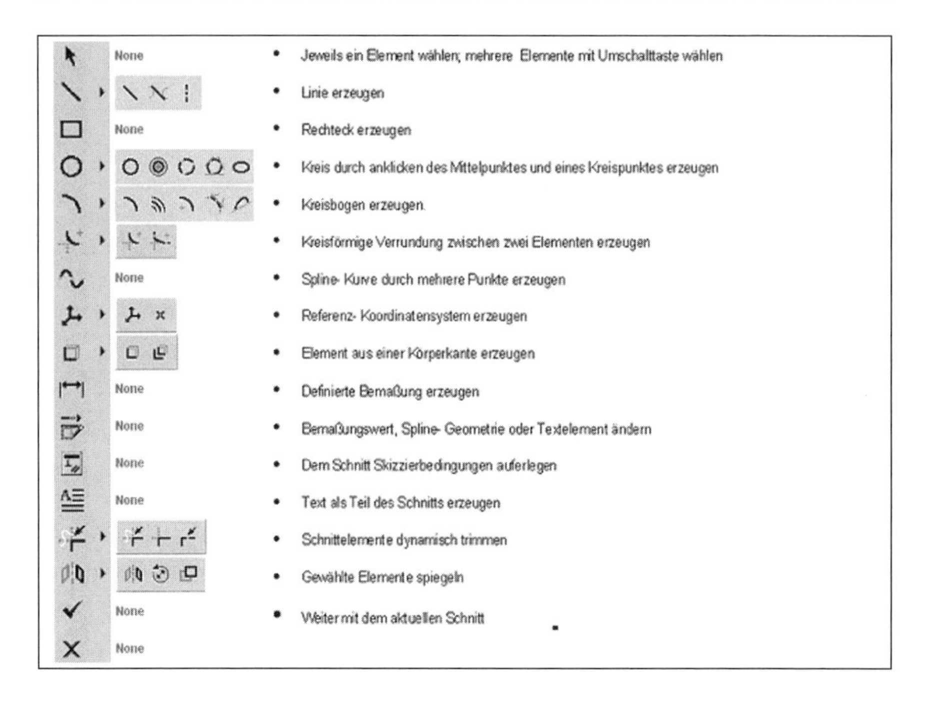

Im Skizzenmodus werden Bedingungen verwendet, um Skizzen auszurichten und Elemente in bestimmten Positionen zueinander auszurichten. Folgende Bedingungen sind möglich:

Button	Bedingung/Erläuterung
	Linie oder zwei Eckpunkte vertikal anordnen.
	Linie oder zwei Eckpunkte horizontal anordnen.
	Zwei Elemente lotrecht anordnen.
	Zwei Elemente tangential anordnen.
	Punkt auf der Linienmitte platzieren.
	Punkte aufeinander platzieren.
	Zwei Punkte oder Eckpunkte symmetrisch um eine Mittellinie anordnen.
=	Gleiche Länge, gleiche Radien oder gleiche Krümmung erzeugen.

Die in einer Skizze vorhandenen Bedingungen werden über verschiedene Symbole im HAUPARBEITSFENSTER dargestellt.

Symbol	**Randbedingung**
M	Mittelpunkt
o	Gleiche Punkte
H	Horizontale Elemente
V	Vertikale Elemente
-O-	Punkt auf Element
T	Tangentiale Elemente
⊥	Senkrechte Elemente
$//_1$	Parallele Linien
R mit Index (z.B. R_1)	Gleiche Radien
L mit Index (z.B. L_1)	Liniensegmente gleicher Länge
—▸◂—	Symmetrie
- - ¦	horizontal oder vertikal nebeneinander aufgeführte Elemente
═	Kollinear
— o	Kante verwenden / Kantenversatz

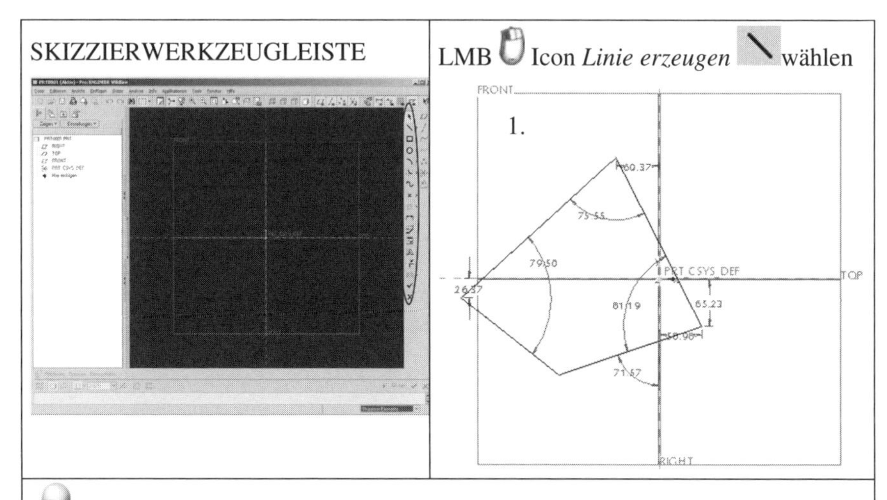

Die folgende Vorgehensweise soll demonstrieren, wie mit Hilfe geometrischer Beziehungen (SKIZZIERWERKZEUG-LEISTE ⇒) eine Skizze erstellt werden kann.

1. Zuerst den Rechteckquerschnitt grob mit 4 Linien skizzieren.

2. Eine Linie als vertikal definieren
3. Als nächstes die gegenüberliegende Linie als parallel definieren:

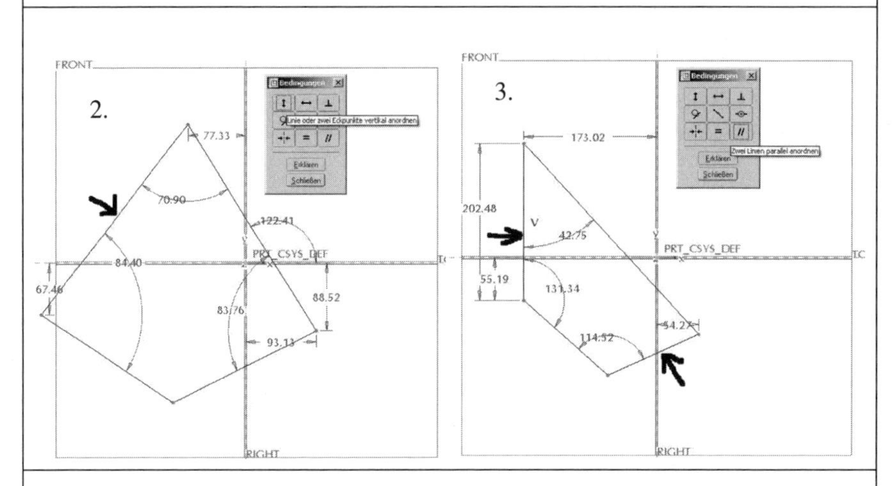

4. Die horizontalen Linien als rechtwinklig zu einer senkrechten Linie definieren:
5. Zum Schluss wird die letzte Linie als horizontal definiert:

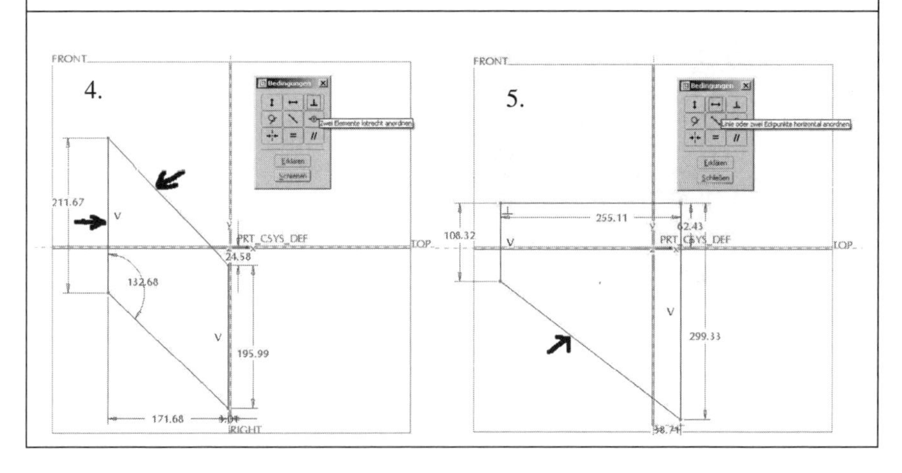

Erzeugt man eine überbestimmte Skizze, entstehen sich widersprechende Bedingungen und es erscheint folgende Fehlermeldung:

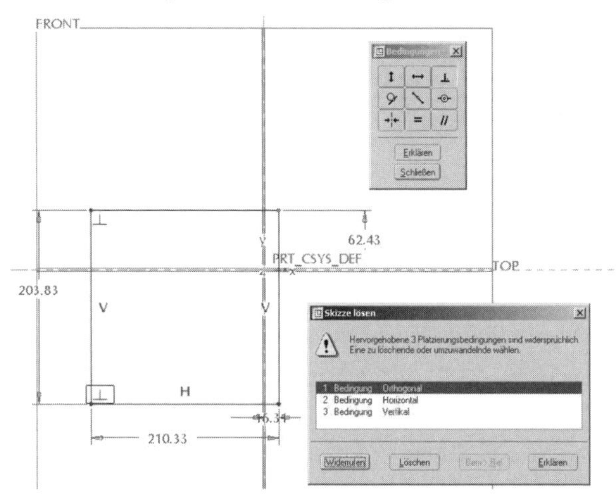

In diesem Fenster hat man die Möglichkeit:

- letzte Bedingung wieder entfernen; dazu LMB Button *Widerrufen*
- früher erstellte Bedingung entfernen; dazu LMB Button *Löschen*

Die einfachere Methode ist das Erzeugen des Rechtecks über das Icon *Rechteck erzeugen* in der SKIZZIERWERKZEUGLEISTE

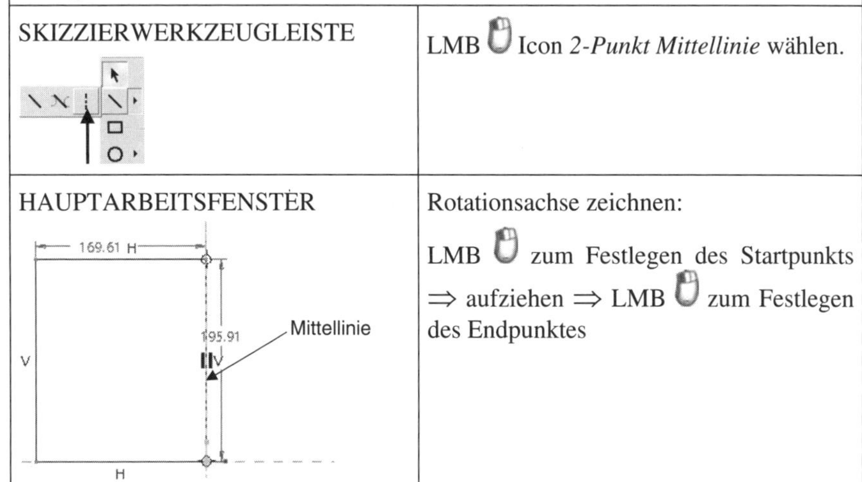

SKIZZIERWERKZEUGLEISTE	LMB Icon *2-Punkt Mittellinie* wählen.
HAUPTARBEITSFENSTER	Rotationsachse zeichnen: LMB zum Festlegen des Startpunkts ⇒ aufziehen ⇒ LMB zum Festlegen des Endpunktes

Bemaßung + Ausrichtung der Skizze

Vorgehensweisen zur Erzeugung der verschiedenen Bemaßungsarten:

Linearbemaßungen
Länge einer Linie LMB auf die Linie ⇒ Platzieren der Bemaßung durch Klicken mit MMB
Abstand zwischen zwei parallelen Linien LMB auf Linie 1 ⇒ LMB auf Linie 2 ⇒ Platzieren der Bemaßung durch Klicken mit MMB
Abstand zwischen einem Punkt und einer Linie LMB auf die Linie ⇒ LMB auf den Punkt ⇒ Platzieren der Bemaßung durch Klicken mit MMB
Abstand zwischen zwei Punkten LMB auf Punkt 1 ⇒ LMB auf Punkt 1 ⇒ Platzieren der Bemaßung mit MMB
Winkelbemaßungen
LMB auf die erste Linie ⇒ LMB auf die zweite Linie ⇒ Platzieren der Bemaßung durch Klicken mit MMB
Durchmesserbemaßungen
Durchmesserbemaßungen für Bögen oder Kreise Doppelklick LMB auf den Bogen oder Kreis ⇒ Platzieren der Bemaßung durch Klicken mit MMB
Durchmesserbemaßungen für gedrehte Schnitte (Rotationskörper) LMB auf das zu bemaßende Element ⇒ LMB auf die Mittellinie, die die Drehachse bilden soll. ⇒ erneut LMB auf das Element ⇒ Platzieren der Bemaßung mit MMB
Weiter im HAUPTARBEITSFENSTER
Bemaßung entsprechend der Skizze. Ändern der Werte (siehe Skizze): Dafür muss im Skizzenmenü das Icon *Element wählen* selektiert sein. Mit Doppelklick LMB auf die Bemaßung ⇒ Im MITTEILUNGSFENSTER <Wert> eingeben ⇒ ENTER Sollte die automatisch erzeugte Bemaßung nicht den Anforderungen entsprechen, so ist eine definierte Bemaßung hinzuzufügen:

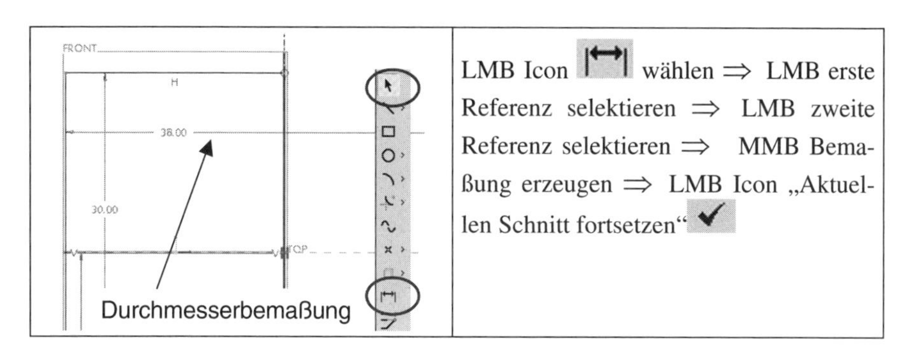

	LMB Icon wählen ⇒ LMB erste Referenz selektieren ⇒ LMB zweite Referenz selektieren ⇒ MMB Bemaßung erzeugen ⇒ LMB Icon „Aktuellen Schnitt fortsetzen“

Erzeugen des Zylinders

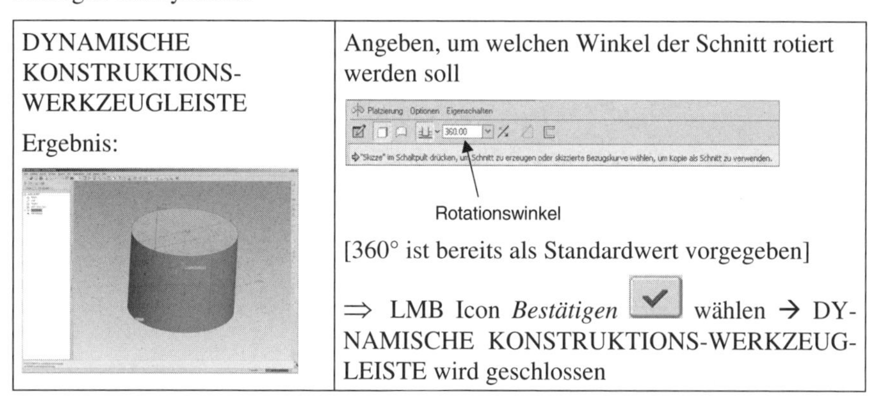

DYNAMISCHE KONSTRUKTIONS-WERKZEUGLEISTE Ergebnis:	Angeben, um welchen Winkel der Schnitt rotiert werden soll Rotationswinkel [360° ist bereits als Standardwert vorgegeben] ⇒ LMB Icon *Bestätigen* wählen → DYNAMISCHE KONSTRUKTIONS-WERKZEUGLEISTE wird geschlossen

Sollte es vorkommen, dass die Skizzenansicht dynamisch gedreht wird, kann man mit die Draufsicht auf die Skizze wieder herstellen.

2.1.3 Erzeugen der Bohrung durch Rotation einer Bohrungskontur

Wahl der Erzeugungsart

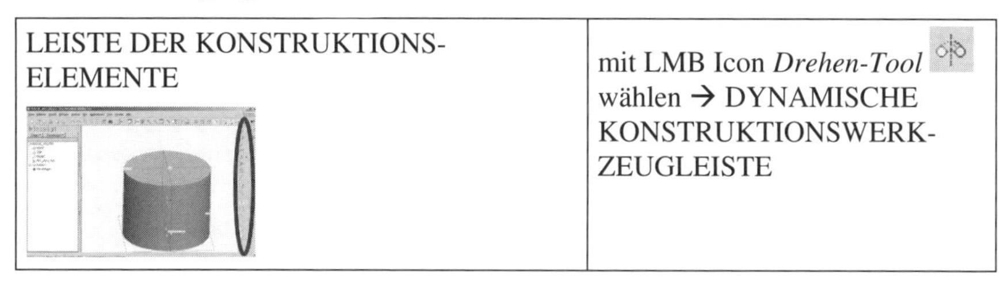

LEISTE DER KONSTRUKTIONS-ELEMENTE	mit LMB Icon *Drehen-Tool* wählen → DYNAMISCHE KONSTRUKTIONSWERKZEUGLEISTE

DYNAMISCHE KONSTRUKTIONS-WERKZEUGLEISTE	mit LMB Icon *Material entfernen* wählen (die erzeugte Kontur wird nicht hinzugefügt, sondern von der bereits vorhandenen abgezogen) ⇒ mit LMB Button *Platzierung* ⇒ mit LMB Button *Definieren* wählen → Dialogfenster *Skizze* erscheint
Dialogfenster **Skizze**	mit LMB Button *Vorig. verwenden* wählen → Ebene „Front" wird eingestellt ⇒ mit LMB Button *Skizze* wählen → Dialogfenster **Skizze** wird geschlossen → Dialogfenster **Referenzen** erscheint → Dialogfenster **Auswahl** erscheint → Skizzieransicht wird im Hauptarbeitsfenster geöffnet → SKIZZIERWERKZEUGLEISTE erscheint
Dialogfenster **Referenzen**	mit LMB Button *Schließen* wählen → Dialogfenster **Referenzen** wird geschlossen → Dialogfenster **Auswahl** wird geschlossen

Bohrungskontur zeichnen

SYSTEMLEISTE	mit LMB Icon *Drahtmodell*
SKIZZIER-WERKZEUGLEISTE	mit LMB Icon *Linie* wählen
HAUPTARBEITS-FENSTER	Kontur der Bohrungen zeichnen entsprechend der Skizze (siehe unten)
SKIZZIER-WERKZEUGLEISTE	mit LMB Icon *2-Punkt Mittellinie* wählen
HAUPTARBEITS-FENSTER	Mittellinie zeichnen entsprechend der Skizze (siehe unten)

Bemaßung der Skizze

HAUPTARBEITS-FENSTER	Vor dem Ändern von Bemaßungen oder dem Erzeugen von Bedingungen muss das Icon *Element wählen* gewählt werden. Ändern der Bemaßung: • Doppelklick LMB auf die Bemaßung

HAUPTARBEITS-FENSTER	Im MITTEILUNGSFENSTER <Wert> eingeben ⇒ ENTER Definierte Bemaßung hinzufügen: Mit LMB Icon wählen.
HAUPTARBEITS-FENSTER	Geometrische Beziehungen: mit LMB Icon wählen ⇒ zum Fertigstellen → mit LMB Icon *Aktuellen Schnitt fortsetzen*

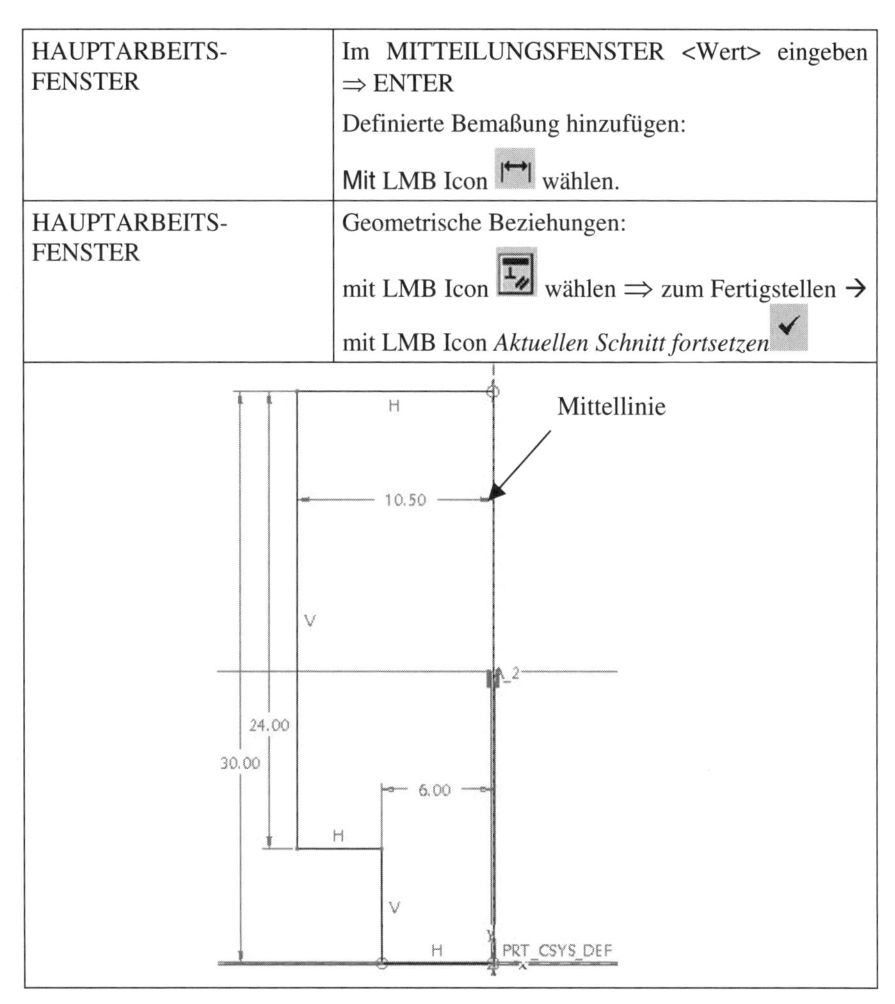

Erzeugen der Bohrungskontur

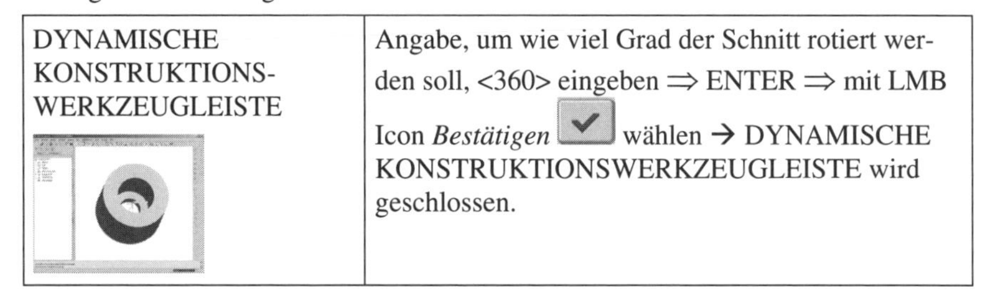

DYNAMISCHE KONSTRUKTIONS-WERKZEUGLEISTE	Angabe, um wie viel Grad der Schnitt rotiert werden soll, <360> eingeben ⇒ ENTER ⇒ mit LMB Icon *Bestätigen* wählen → DYNAMISCHE KONSTRUKTIONSWERKZEUGLEISTE wird geschlossen.

2.1.4 Erzeugen der inneren Fase

Wahl der Erzeugungsart

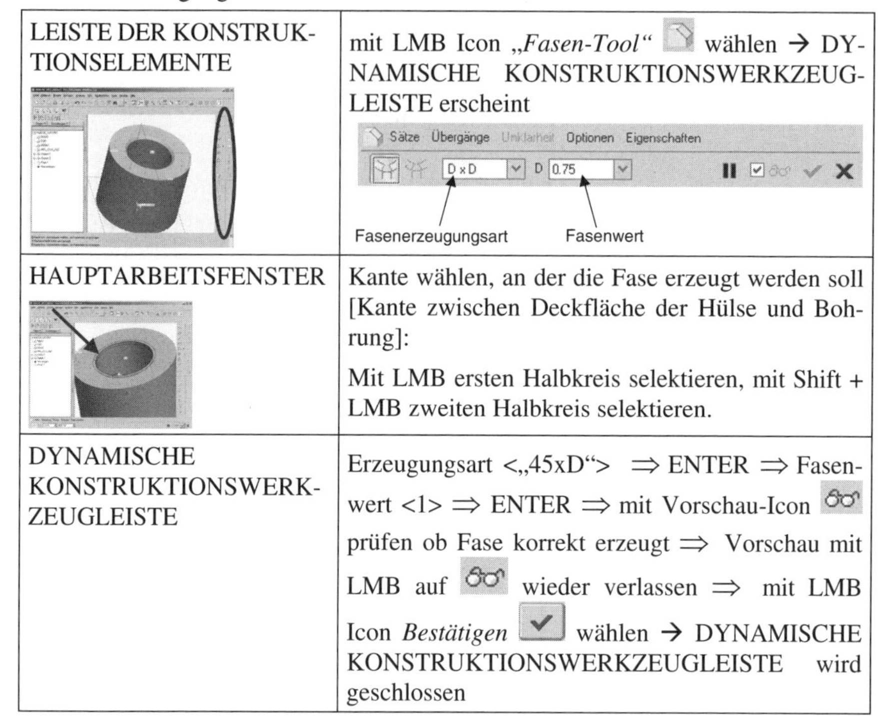

LEISTE DER KONSTRUKTIONSELEMENTE	mit LMB Icon *„Fasen-Tool“* wählen → DYNAMISCHE KONSTRUKTIONSWERKZEUGLEISTE erscheint Sätze Übergänge Unklarheit Optionen Eigenschaften D x D D 0.75 Fasenerzeugungsart Fasenwert
HAUPTARBEITSFENSTER	Kante wählen, an der die Fase erzeugt werden soll [Kante zwischen Deckfläche der Hülse und Bohrung]: Mit LMB ersten Halbkreis selektieren, mit Shift + LMB zweiten Halbkreis selektieren.
DYNAMISCHE KONSTRUKTIONSWERKZEUGLEISTE	Erzeugungsart <„45xD“> ⇒ ENTER ⇒ Fasenwert <1> ⇒ ENTER ⇒ mit Vorschau-Icon prüfen ob Fase korrekt erzeugt ⇒ Vorschau mit LMB auf wieder verlassen ⇒ mit LMB Icon *Bestätigen* wählen → DYNAMISCHE KONSTRUKTIONSWERKZEUGLEISTE wird geschlossen

2.1.5 Erzeugen der äußeren Fase

Wahl der Erzeugungsart

LEISTE DER KONSTRUKTIONS-ELEMENTE	mit LMB Icon *Fase-Tool* wählen → DYNAMISCHE KONSTRUKTIONSWERKZEUGLEISTE erscheint Sätze Übergänge Unklarheit Optionen Eigenschaften Winkel x D Winkel 45.00 D 1.00 Fasenerzeugungsart Winkel Fasenwert
HAUPTARBEITS-FENSTER	Kante für die Fase wählen [Kante zwischen Deckfläche und Außenseite der Hülse]: mit LMB ersten Halbkreis selektieren ⇒ mit SHIFT + LMB zweiten Halbkreis selektieren

DYNAMISCHE KONSTRUKTIONS-WERKZEUGLEISTE 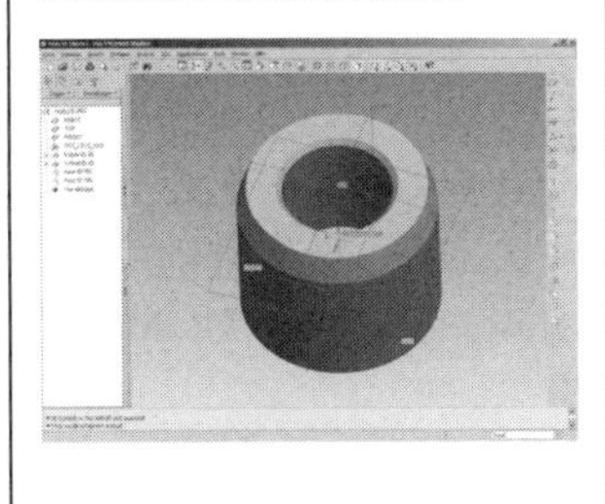	Erzeugungsart <Winkel x D> ⇒ ENTER ⇒ Winkelwert <20> ⇒ ENTER ⇒ Fasenwert <5> ⇒ ENTER ⇒ mit Vorschauicon prüfen ⇒ Vorschau mit LMB auf wieder verlassen ⇒ falls Winkel an der falschen Fläche angesetzt ist, die vom Winkel verwendete Fläche mit LMB auf Icon wechseln ⇒ anschließend wieder mit Vorschau prüfen ⇒ mit LMB Icon *Bestätigen* wählen → DYN. KONSTRUKTIONSW. wird geschlossen

2.1.6 Hülse speichern

MENUELEISTE	DATEI ⇒ Speichern	LMB ⇒

2.2 Modellierung Variante 2

- Translation einer Kreisfläche
- Feature Bohrung
- Feature Fase

2.2.1 Erzeugen eines neuen Bauteils

Neue Datei erzeugen ⇒ Siehe Kapitel „Allgemeine Einleitung"

2.2.2 Erzeugen des Außenzylinders

Wahl der Erzeugungsart:

LEISTE DER KONSTRUKTIONSELEMENTE. 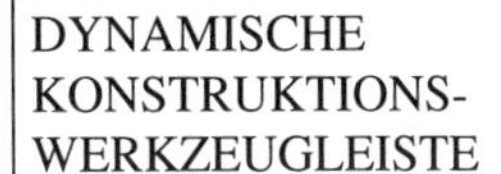	mit LMB Icon *Extrudieren-Tool* wählen → DYNAMISCHE KONSTRUKTIONSW. erscheint
DYNAMISCHE KONSTRUKTIONSWERK-ZEUGLEISTE	mit LMB Button *Platzierung* wählen ⇒ Button *Definieren* → Dialogfenster **Skizze** erscheint
HAUPTARBEITSFENSTER	mit LMB Ebene „Front" selektieren

Dialogfenster **Skizze**	mit Button *Skizzieren* wählen → Dialogfenster **Schnitt** wird geschlossen → Dialogfenster **Referenzen** erscheint → Dialogfenster **Auswahl** erscheint→ Skizzieransicht wird im HAUPTARBEITSFENSTER geöffnet → SKIZZIERWERKZEUGLEISTE erscheint
Dialogfenster **Referenzen**	mit LMB Button *Schließen* wählen → Dialogfenster **Referenzen** wird geschlossen → Dialogfenster **Auswahl** wird geschlossen

Festlegen der Grundfläche

SKIZZIERWERKZEUG-LEISTE	mit LMB Icon *Kreis* wählen
HAUPTARBEITS-FENSTER	Kreis aufziehen (LMB im Koordinatenursprung ⇒ aufziehen ⇒ LMB zum Erstellen)

Bemaßung der Skizze

HAUPTARBEITS-FENSTER	Skizze bemaßen (Durchmesser 38mm) ⇒ zum Fertigstellen ⇒ mit LMB Icon *Schnitt fortsetzen*

Erzeugen des Zylinders

DYNAMISCHE KONSTRUKTIONS-WERKZEUGLEISTE	Tiefenwert <30> ⇒ ENTER ⇒ LMB Icon *Bestätigen* wählen → DYNAMISCHE KONSTRUKTIONSW. wird geschlossen

2.2.3 Erzeugen der ersten Bohrung

Wahl der Erzeugungsart

LEISTE DER KONSTRUKTIONS-ELEMENTE	mit LMB Icon *Bohrungs-Tool* wählen → DYNAMISCHE KONSTRUKTIONSWERKZEUGLEISTE erscheint

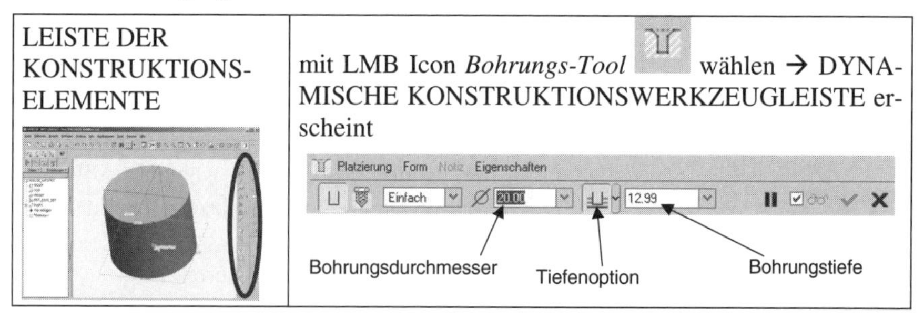

Wird wie im oberen Bild die Tiefenoption „Variabel“ gewählt, muss die entsprechende Bohrungstiefe angegeben werden	
Es gibt folgende Tiefenoptionen:	
[**Variabel**] Bohrtiefe in die erste Richtung von der Platzierungsreferenz.	[**Symmetrisch**] Bohrt in beide Richtungen der Platzierungsreferenz um die Hälfte des angegebenen Tiefenwerts in jede Richtung.
[**Bis nächst.**] Bohrt in der ersten Richtung bis zur nächsten Fläche (nicht im Baugruppenmodus möglich).	[**Bis gewählt.**] Bohrt in der ersten Richtung bis zum gewählten Punkt bzw. zur gewählten Kurve, Ebene oder Fläche.
[**Durch Alle**] Bohrt in der ersten Richtung, so dass alle Flächen geschnitten werden.	[**Durch Bis**] Bohrt in der ersten Richtung, so dass eine gewählte Fläche oder Ebene geschnitten wird (Im Baugruppenmodus nicht verfügbar).

Bestimmung des Typs und der Lage der Bohrung

DYNAMISCHE KONSTRUKTIONS-WERZEUGLEISTE	Mit LMB Button *Platzierung* wählen.
HAUPTARBEITS-FENSTER	Mit LMB Deckfläche des Zylinders selektieren.
DYNAMISCHE KONSTRUKTIONS-WERZEUGLEISTE 	Platzierungsart auf „Koaxial“ stellen ⇒ mit LMB auf Schriftzug „Hier klicken, u...“ im Fenster „Sekundäre Referenzen“ → Schriftzug ändert sich zu „1 Element wählen...“
HAUPTARBEITS-FENSTER 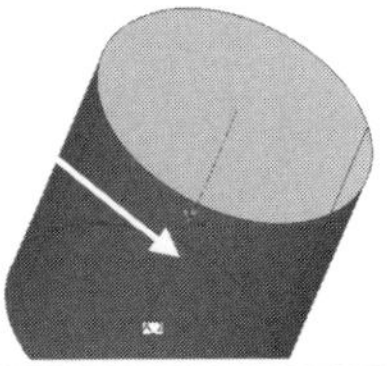	Mit LMB Achse des Zylinders wählen.

DYNAMISCHE KONSTRUKTIONS-WERZEUGLEISTE	Bohrungsdurchmesser <21> ⇒ ENTER ⇒ Bohrungstiefe <24> ⇒ ENTER

Bestätigen der erzeugten Bohrung

DYNAMISCHE KONSTRUKTIONSW.	Mit LMB Icon *Bestätigen* wählen.

2.2.4 Erzeugen der zweiten Bohrung

Wahl der Erzeugungsart

LEISTE DER KONSTRUKTIONS-ELEMENTE	mit LMB Icon *Bohrungs-Tool* wählen → DYNAMISCHE KONSTRUKTIONSW. erscheint

Bestimmung des Typs und der Lage der Bohrung

DYNAMISCHE KONSTRUKTIONS-WERKZEUGLEISTE	Mit LMB Icon *Platzierung* wählen.
HAUPTARBEITSF.	Mit LMB Grundfläche der ersten Bohrung selektieren.
DYNAMISCHE KONSTRUKTIONS-WERKZEUGLEISTE	Platzierungsart auf „Koaxial“ stellen ⇒ LMB auf Schriftzug „Hier klicken, u...“ ⇒ im Fenster „Sekundäre Referenzen“ → Schriftzug ändert sich zu „1 Element wäh...“
HAUPTARBEITSF.	Mit LMB Achse des Zylinders wählen.
DYNAMISCHE KONSTRUKTIONS-WERKZEUGLEISTE	Bohrungsdurchmesser: <12> ⇒ ENTER ⇒ Bohrungstiefe: <6> ⇒ ENTER

Bestätigen der erzeugten Bohrung

DYNAMISCHE KONSTRUKTIONS-WERKZEUGLEISTE	Mit LMB Icon *Bestätigen* wählen.

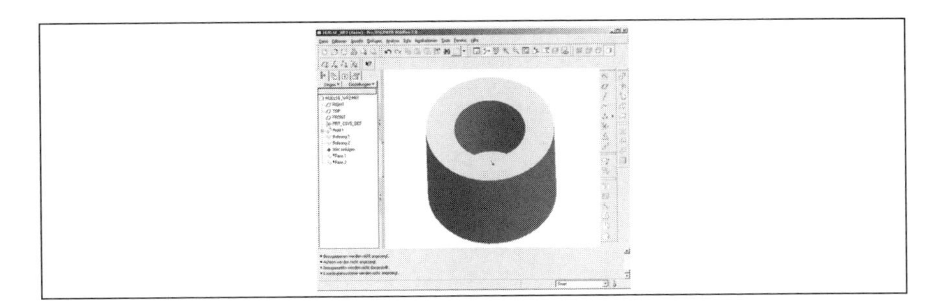

2.2.5 Erzeugen der Fasen

Erzeugung der Fasen siehe Abschnitt 2.1, Modellierung Variante 1.

2.2.6 Hülse speichern

MENUELEISTE	DATEI ⇒ Speichern	LMB ⇒

2.3 Modellierung Variante 3

Eine dritte Variante zur Erzeugung ist die Rotation eines einzigen Schnitts (selbständiges Übungsbeispiel). Dies ist eine sehr aufwendige Variante und sollte in der Praxis nicht angewendet werden. Sie dient lediglich der zur Demonstration der verschiedenen Möglichkeiten. In der Praxis sind nach Möglichkeit immer alle Radien, Fasen, Bohrungen,... als einzelne Elemente zu erzeugen.

2.3.1 Erzeugen eines neuen Bauteils

Neue Datei erzeugen ⇒ Siehe Kapitel 1 „Allgemeines/Einführung

Oder im Modellbaum erzeugte Elemente selektieren(alle nach „PRT_CSYS_DEF")

⇒ RMB ⇒ Löschen ⇒ OK

2.3.2 Erzeugen des Körpers durch Rotation eines Schnitts

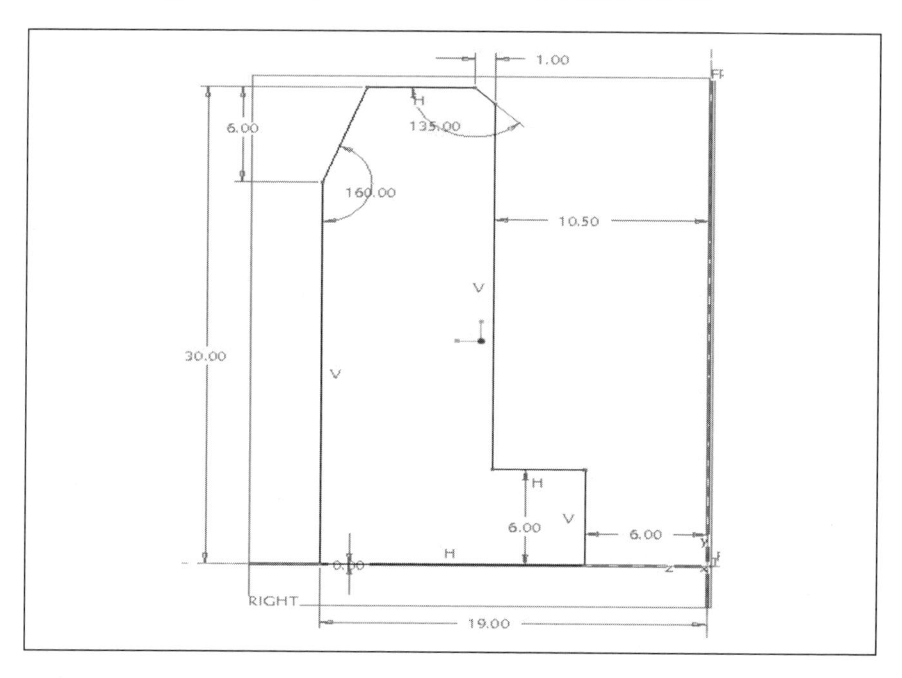

Hinweis: Diese Variante soll lediglich der Demonstration dienen. Es ist zwar möglich, die gesamte Hülse in einem Schritt zu erzeugen, in der Praxis sollte jedoch nach Variante 1 oder Variante 2 vorgegangen werden.

Denn schon bei einfachen Körpern (wie dieser Hülse) ist bereits eine relativ komplizierte Skizze nötig. Wenn ein CAD-System Features wie z.B. Bohrungen oder Fasen anbietet, sollten diese genutzt werden, da so die Skizzen einfach gehalten werden können. Des Weiteren sind nachträgliche Änderungen bei dieser Vorgehensweise leichter zu realisieren.

3 Übung 2: Drosselventil

- Modellieren des Gehäuses
- Modellieren der Welle
- Modellieren des Hebels
- Modellieren des Deckels
- Modellieren des Ventils
- Zusammenbau
- Zeichnungserstellung des Deckels

3.1 Modellieren des Gehäuses

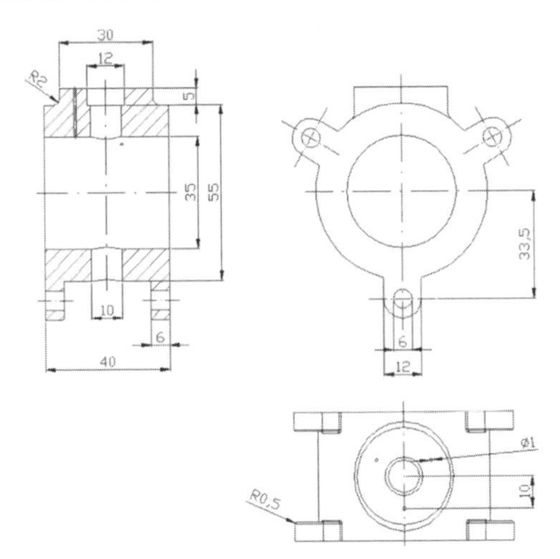

- Erzeugen eines neuen Bauteils
- Erzeugen des Grundkörpers durch Rotation
- Erzeugen des senkrechten Zylinders durch Extrudieren
- Erzeugen der Führungsbohrung mit Senkung
- Erzeugen der Bohrungen für den Deckel
- Verrunden des Übergangs Gehäuse/senkrechter Zylinder

- Erzeugen des ersten Flansches mit Bohrung und Verrundung
- Flansch kopieren durch Mustern und Spiegeln
- Farbe ändern und Bauteil speichern

3.1.1 Neues Bauteil

Erzeugen eines neuen Bauteils; Name <gehaeuse>

3.1.2 Erzeugen des Grundkörpers

LEISTE DER KONSTRUKTIONS-ELEMENTE	mit LMB Icon *Drehen-Tool* wählen → DYNAMISCHE KONSTRUKTIONSWERKZEUG-LEISTE erscheint
DYNAMISCHE KONSTRUKTIONS-WERKZEUGLEISTE	mit LMB Button *Platzierung* ⇒ Button *Definieren* wählen → Dialogfenster **Schnitt** erscheint
HAUPTARBEITS-FENSTER	Mit LMB Ebene „Front" selektieren.
Dialogfenster **Schnitt**	mit LMB Button *Skizze* wählen → Dialogfenster **Schnitt** wird geschlossen → Dialogfenster **Referenzen** erscheint → Dialogfenster **Auswahl** erscheint → Skizzieransicht wird im Hauptarbeitsfenster geöffnet → SKIZZIERWERKZEUG-LEISTE erscheint
Dialogfenster **Referenzen**	mit LMB Button *Schließen* wählen → Dialogfenster **Referenzen** wird geschlossen → Dialogfenster **Auswahl** wird geschlossen
SKIZZIERWERKZEUG-LEISTE	Mit LMB Icon *Rechteck erzeugen* wählen.
HAUPTARBEITS-FENSTER	Mit LMB ein Rechteck aufziehen.
SKIZZIERWERKZEUGL.	Mit LMB Icon *Zwei-Punkt-Mittellinien erzeugen* auswählen.
HAUPTARBEITS-FENSTER	Positionierung der Rotationsachse durch Auswahl von 2 Punkten (siehe Skizze).

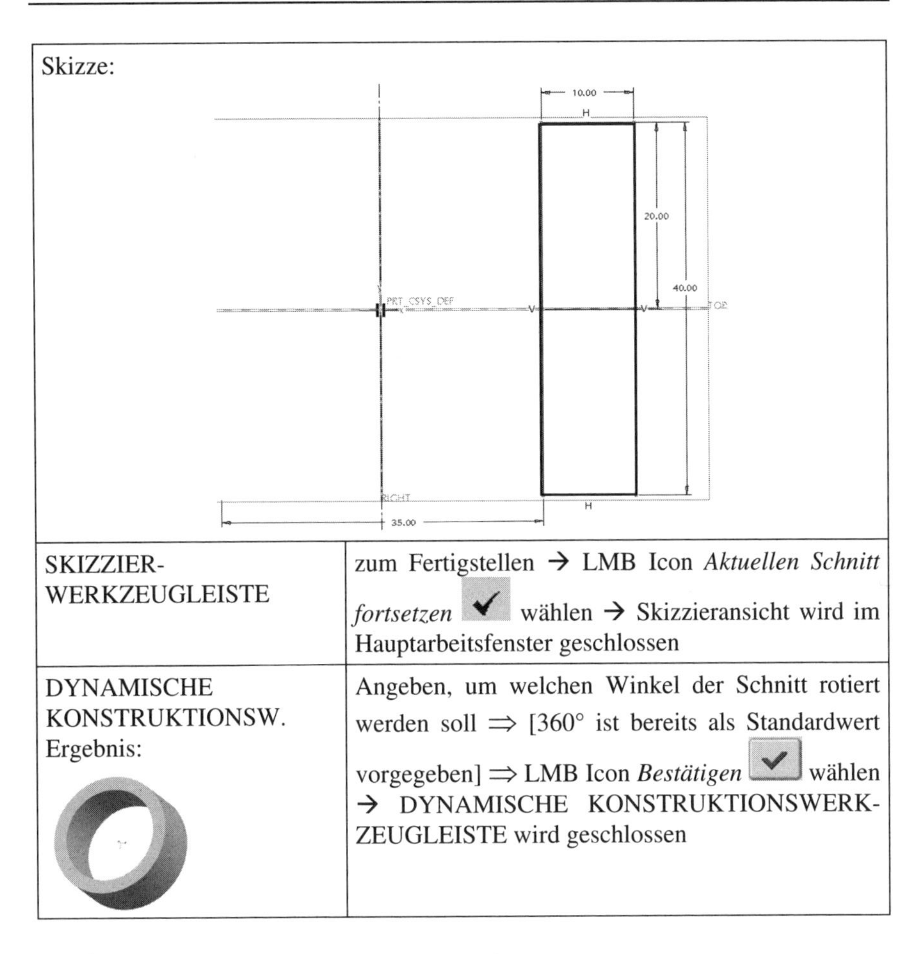

Skizze:	
SKIZZIER-WERKZEUGLEISTE	zum Fertigstellen → LMB Icon *Aktuellen Schnitt fortsetzen* wählen → Skizzieransicht wird im Hauptarbeitsfenster geschlossen
DYNAMISCHE KONSTRUKTIONSW. Ergebnis:	Angeben, um welchen Winkel der Schnitt rotiert werden soll ⇒ [360° ist bereits als Standardwert vorgegeben] ⇒ LMB Icon *Bestätigen* wählen → DYNAMISCHE KONSTRUKTIONSWERKZEUGLEISTE wird geschlossen

3.1.3 Erzeugen des senkrechten Zylinders

Erzeugen der ersten Bezugsebene

LEISTE DER KONSTRUKTIONS-ELEMENTE	mit LMB Icon *Bezugsebenen-Tool* anwählen → Dialogfenster **Bezugsebene** erscheint
HAUPTARBEITS-FENSTER	Mit LMB Ebene „FRONT“ selektieren.

Dialogfenster **Bezugsebene**	Als Platzierungsbedingung für die Ebene „Front" <parallel> wählen.
HAUPTARBEITS-FENSTER	Mit STRG + LMB die Zylindermantelfläche selektieren.
Dialogfenster **Bezugsebene**	als Platzierungsbedingung für die Zylindermantelfläche < tangential > wählen ⇒ Fenster mit *OK* schließen

Erzeugen der zweiten Bezugsebene

LEISTE DER KONSTRUKTIONS-ELEMENTE	mit LMB Icon *Bezugsebenen-Tool* wählen → Dialogfenster **Bezugsebene** erscheint
HAUPTARBEITSFENSTER	Mit LMB Ebene „DTM1" selektieren.
Dialogfenster **Bezugsebene**	• als Platzierungsbedingung für die Ebene „DTM1" < Versatz > wählen ⇒ Versatzwert: <5> ⇒ ENTER Vom Koordinatenursprung aus gegebenenfalls mit negativen Werten arbeiten. • mit LMB Button *OK* wählen

Erzeugen des Zylinders

LEISTE DER KONSTRUKTIONS-ELEMENTE	mit LMB Icon *Extrudieren-Tool* wählen → DYNAMISCHE KONSTRUKTIONSWERK-ZEUGLEISTE erscheint
DYNAMISCHE KONSTRUKTIONSW.	mit LMB Button *Platzierung* ⇒ Button *Definieren* wählen → Dialogfenster **Schnitt** erscheint

HAUPTARBEITSFENSTER	mit LMB erzeugte Ebene „DTM2“ selektieren
Dialogfenster **Schnitt**	mit LMB Button *Skizze* wählen → Dialogfenster **Schnitt** wird geschlossen → Dialogfenster **Referenzen** erscheint → Dialogfenster **Auswahl** erscheint → Skizzieransicht wird im Hauptarbeitsfenster geöffnet → SKIZZIERWERKZEUGL. erscheint
Fenster **Referenzen**	mit LMB Button *Schließen* wählen → Dialogfenster **Referenzen** wird geschlossen → Dialogfenster **Auswahl** wird geschlossen
SKIZZIER-WERKZEUGLEISTE	Mit LMB Icon *Kreis erzeugen* wählen.
HAUPTARBEITSFENSTER	im Koordinatenursprung einen Kreis zeichnen ⇒ Durchmesser <30> ⇒ ENTER
SKIZZIER-WERKZEUGLEISTE	zum Fertigstellen → LMB Button *Aktuellen Schnitt fortsetzen* → Skizzieransicht wird im Hauptarbeitsfenster geschlossen
DYNAMISCHE KONSTRUKTIONS-WERKZEUGLEISTE	mit LMB Pfeil anklicken, um Tiefenoption zu wählen ⇒ die Option „Bis zu nächster Fläche extrudieren“ wählen mit LMB Icon *Bestätigen* wählen → DYN. KONSTRUKTIONSW. wird geschlossen

3.1.4 Erzeugen der Bohrungen

Erzeugen der Führungsbohrung

LEISTE DER KONSTRUKTIONS-ELEMENTE	mit LMB Icon *Bohrungs-Tool* wählen → DYNAMISCHE KONSTRUKTIONSW. erscheint

HAUPTARBEITSF.	Deckfläche des senkrechten Zylinders selektieren.
DYNAMISCHE KONSTRUKTIONS-WERKZEUG-LEISTE	mit LMB Button *Platzierung* wählen ⇒ Platzierungsart von <Linear> auf <koaxial> ändern 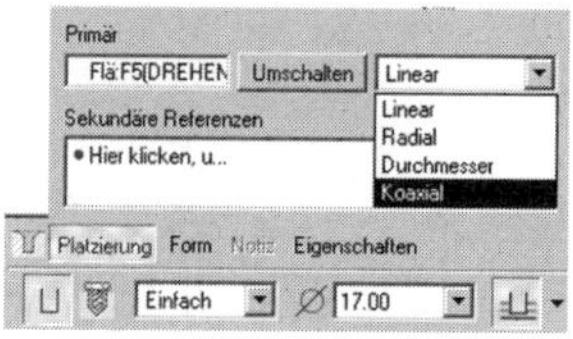 In das Fenster Sekundäre Referenzen auf den Schriftzug „Hier klicken, u...“, klicken.
HAUPTARBEITS-FENSTER	Achse des senkrechten Zylinders wählen. 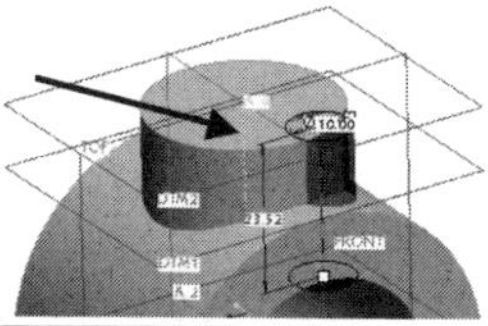
DYNAMISCHE KONSTRUKTIONS-WERKZEUG-LEISTE 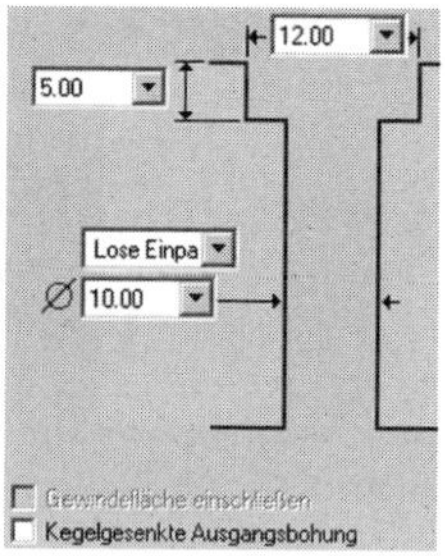	Option Standard Bohrung erzeugen aktivieren ⇒ Gewindetyp <ISO> wählen ⇒ mit LMB Pfeil anklicken, um Tiefenoption zu wählen ⇒ die Option „Bohren um mit allen Flächen zu schneiden“ wählen ⇒ Option Bohrloch *Gewindeschneiden* deaktivieren ⇒ Option *Kegelsenken hinzufügen* deaktivieren ⇒ Option Stufensenkung hinzufügen aktivieren ⇒ mit LMB Button *Form wählen* → Fenster „Form“ klappt auf ⇒ Einstellungen entsprechend Bild links ⇒ mit LMB Icon *Bestätigen* wählen → DYN. KONSTRUKTIONSW. wird geschlossen

Erzeugen der ersten Bohrung für den Deckel

LEISTE DER KONSTRUKTIONS-ELEMENTE	mit LMB Icon *Bohrungs-Tool* wählen → DYNAMISCHE KONSTRUKTIONSWERKZEUGLEISTE erscheint

HAUPTARBEITS-FENSTER	Deckfläche des senkrechten Zylinders selektieren.
DYNAMISCHE KONSTRUKTIONS-WERKZEUGLEISTE	mit LMB Button *Platzierung* wählen ⇒ Platzierungsart von <Linear> auf <radial> ändern ⇒ ins Fenster Sekundäre Referenzen, auf den Schriftzug „Hier klicken, u...", klicken
HAUPTARBEITS-FENSTER	Achse des senkrechten Zylinders wählen ⇒ senkrechte Ebene (Ebene „TOP") wählen 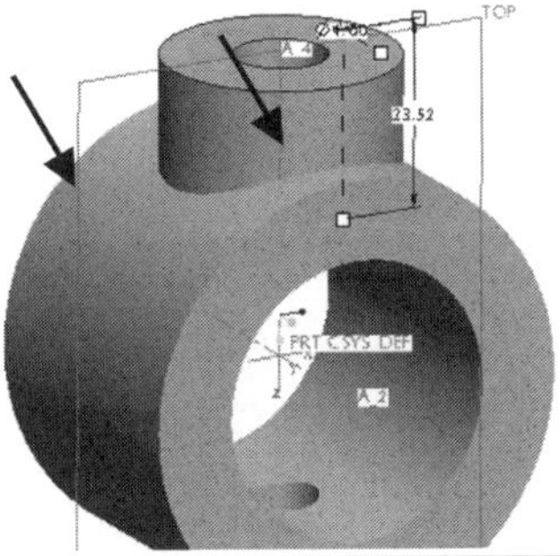
DYNAMISCHE KONSTRUKTIONS-WERKZEUGLEISTE	Abstand zur Achse: <10> ⇒ ENTER ⇒ Winkelmaß <0> ⇒ ENTER 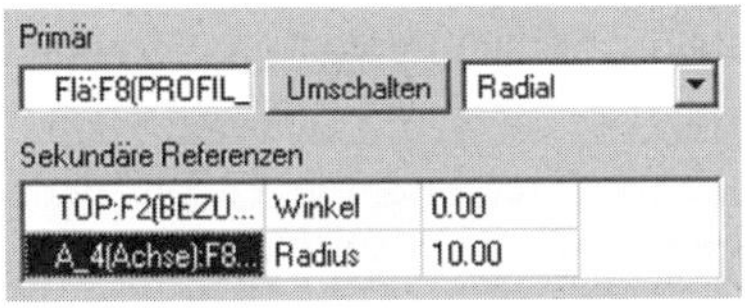 mit LMB Pfeil  anklicken, um Tiefenoption zu wählen ⇒ die Option „Bis zu nächster Fläche bohren" wählen ⇒ Bohrungsdurchmesser: <1> ⇒ ENTER mit LMB Icon *Bestätigen* wählen → DYNAMISCHE KONSTRUKTIONSW. wird geschlossen

Erzeugen der zweiten und dritten Bohrung als Muster

Das *Mustern-Tool* erzeugt Varianten des gewählten KE, indem einige spezifizierte Bemaßungen variiert werden. Das für das Mustern ausgewählte KE wird als Mustergrundelement bezeichnet. Das Erzeugen eines Musters ist eine schnelle

Methode, um ein KE zu reproduzieren. Das Bearbeiten von Mustern ist effizienter als die Änderung einzelner KEs. Wenn bei einem Muster die Bemaßungen des ursprünglichen KE geändert wird, so wird automatisch das gesamte Muster aktualisiert.

Mustertypen:

Bemaßung (Dimension)	Bestimmt wird das Muster durch Verwendung von steuernden Bemaßungen und durch das Festlegen von inkrementalen Änderungen am Muster. Bemaßungsmuster können unidirektional oder bidirektional sein. • unidirektional: Erzeugt ein Muster in Richtung einer als Referenz gewählten Bemaßung • bidirektional: Erzeugt ein Muster in Richtung von 2 als Referenz gewählten Bemaßungen
Richtung (Direction)	Erzeugt ein Freiform-Muster. Durch Festlegen der Richtung und mit Hilfe von Ziehgriffen kann die Orientierung und das Inkrement gewählt werden. Richtungsmuster können unidirektional oder bidirektional sein.
Achse (Axis)	Radiales Muster durch Festlegen von Winkel- und Radialinkrement. Das Muster kann auch in eine Spirale gezogen werden.
Tabelle (Table)	Bestimmt das Muster durch die Verwendung einer Mustertabelle und durch die Festlegung der Bemaßungswerte für jede Mustervariante.
Referenz (Reference)	Bestimmt das Muster durch Referenzieren eines anderen Musters.
Füllen (Fill)	Bestimmt das Muster durch Füllen eines Bereichs mit Varianten entsprechend eines ausgewählten Rasters.

Mustern der Bohrungen

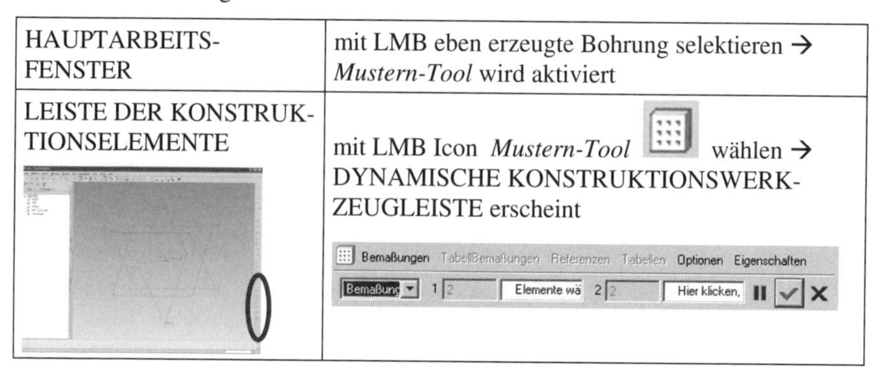

HAUPTARBEITS-FENSTER	mit LMB eben erzeugte Bohrung selektieren → *Mustern-Tool* wird aktiviert
LEISTE DER KONSTRUKTIONSELEMENTE	mit LMB Icon *Mustern-Tool* wählen → DYNAMISCHE KONSTRUKTIONSWERKZEUGLEISTE erscheint

DYNAMISCHE KONSTRUKTIONS-WERKZEUGLEISTE	Mustertyp <Achse> wählen.
HAUPTARBEITS-FENSTER	Achse des senkrechten Zylinders wählen.
DYNAMISCHE KONSTRUKTIONS-WERKZEUGLEISTE	Eingabefeld „Anzahl der Mustermitglieder in erster Richtung wählen": <3> ⇒ ENTER 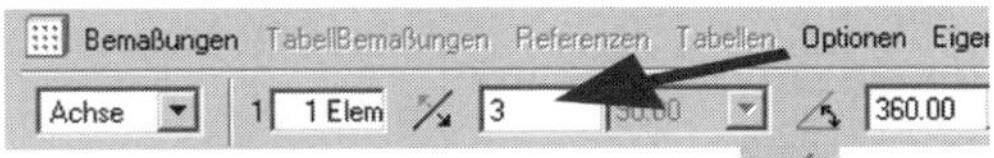 mit LMB Icon Winkelausdehnung  (alle Mitglieder werden gleichmäßig im angegebenen Winkel angeordnet) wählen ⇒ <360> ⇒ ENTER ⇒ mit LMB Icon *Bestätigen* wählen → DYN. KONSTRUKTIONSW. wird geschlossen

3.1.5 Verrunden des Zylinders

Erzeugen der Rundung

LEISTE DER KONSTRUKTIONSELEMENTE	mit LMB Icon *Rundungs-Tool* 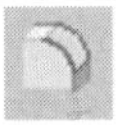 wählen.
HAUPTARBEITSFENSTER	mit LMB erste Teilkurve wählen ⇒ mit SHIFT+LMB zweite Teilkurve hinzuwählen 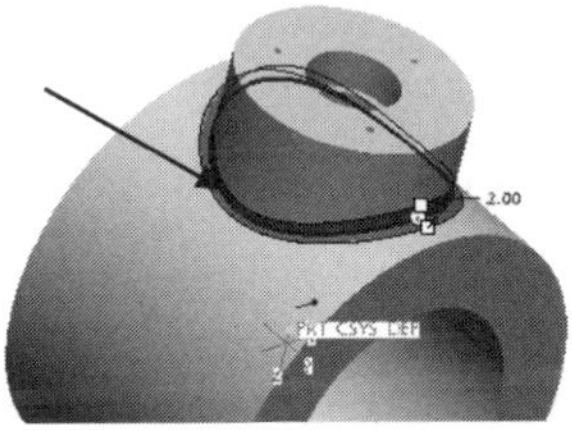
DYNAMISCHE KONSTRUKTIONSWERK-ZEUGLEISTE	Radius: <2> ⇒ ENTER 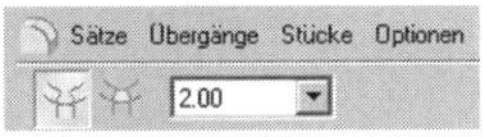 ⇒ mit LMB Icon *Bestätigen*  wählen → DYNAMISCHE KONSTRUKTIONSWERK-ZEUGLEISTE wird geschlossen

3.1.6 Erzeugen der Flansche

Erzeugen der Grundkörper

LEISTE DER KONSTRUKTIONS-ELEMENTE	mit LMB Icon *Extrudieren-Tool* wählen → DYNAMISCHE KONSTRUKTIONSWERK-ZEUGLEISTE ERSCHEINT
Dynamische Konstruktionswerkzeugleiste	mit LMB Button *Platzierung* ⇒ Button *Definieren* wählen → Dialogfenster **Schnitt** erscheint
HAUPTARBEITS-FENSTER	Mit LMB eine der Stirnflächen des großen Zylinders wählen.
Dialogfenster **Schnitt**	mit LMB Button *Skizze* wählen → Dialogfenster **Schnitt** wird geschlossen → Dialogfenster **Referenzen** erscheint → Dialogfenster **Auswahl** erscheint → Skizzieransicht wird im Hauptarbeitsfenster geöffnet → SKIZZIERWERKZEUGLEISTE erscheint
Fenster **Referenzen**	mit LMB Button *Schließen* wählen → Dialogfenster **Referenzen** wird geschlossen → Dialogfenster **Auswahl** wird geschlossen
SKIZZIER-WERKZEUGLEISTE	mit Skizzierwerkzeug „Linie" und Kreisbogen Kontur entsprechend Skizze zeichnen ⇒ Bemaßung entsprechend Skizze
SKIZZIER-WERKZEUGLEISTE	zum Fertigstellen → LMB Icon *Aktuellen Schnitt fortsetzen* → Skizzieransicht wird im HAUPTARBEITSFENSTER geschlossen
Dynamische Konstruktionswerkzeugleiste	Extrusionstiefe: <6> ⇒ ENTER ⇒ mit LMB Icon *Bestätigen* wählen → DYNAMISCHE KONSTRUKTIONSW. wird geschlossen

Skizze:

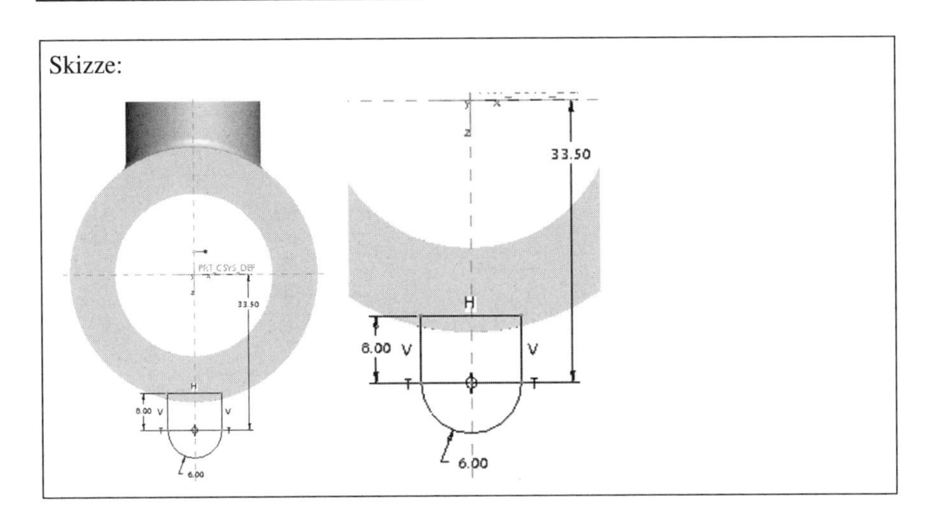

Erzeugen der Achse für die Bohrungen

LEISTE DER KONSTRUKTIONS-ELEMENTE	mit LMB Icon *Bezugsachsen-Tool* wählen → Dialogfenster **Bezugsachse** erscheint
HAUPTARBEITS-FENSTER	Mit LMB die Zylindermantelfläche des Flansches wählen.
Dialogfenster **Bezugsachse**	Fenster mit *OK* schließen.

Erzeugen der Flanschbohrung

LEISTE DER KONSTRUKTIONS-ELEMENTE	mit LMB Icon *Bohrungs-Tool* wählen → DYNAMISCHE KONSTRUKTIONSWERK-ZEUGLEISTE erscheint
HAUPTARBEITS-FENSTER	Mit LMB Frontfläche des Flansches selektieren.

DYNAMISCHE KONSTRUKTIONS-WERKZEUGLEISTE	mit LMB Button *Platzierung* wählen ⇒ Platzierungsart von <Linear> auf <koaxial> ändern ⇒ ins Fenster Sekundäre Referenzen, auf den Schriftzug „Hier klicken, u...“, klicken
DYNAMISCHE KONSTRUKTIONS-WERKZEUGLEISTE	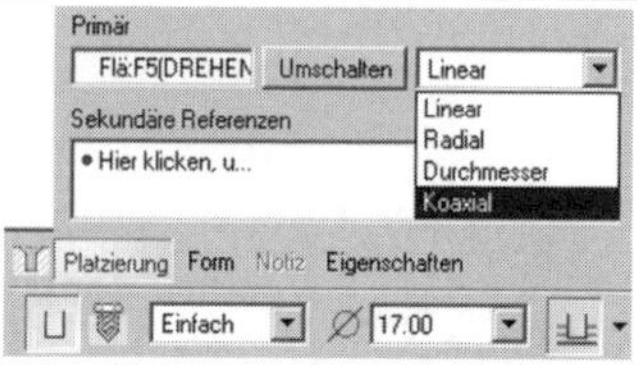
HAUPTARBEITS-FENSTER	Zuletzt erzeugte Achse (im Flansch) selektieren. 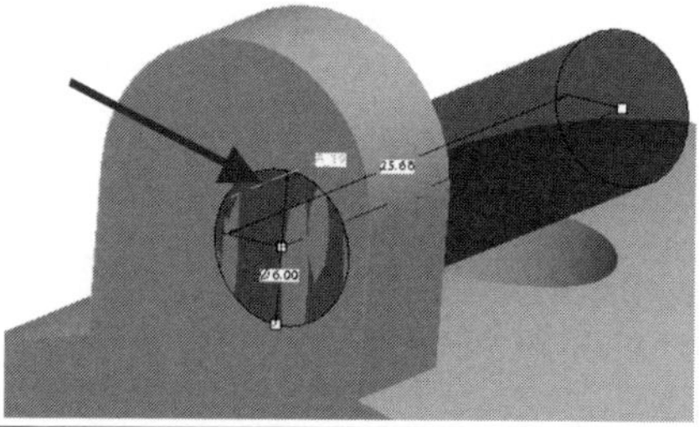
DYNAMISCHE KONSTRUKTIONS-WERKZEUGLEISTE	mit LMB Pfeil  anklicken, um Tiefenoption zu wählen ⇒ die Option „Bis zu nächster Fläche bohren“ wählen ⇒ Bohrungsdurchmesser: <6> ⇒ ENTER ⇒ mit LMB Icon *Bestätigen*  wählen → DYNAMISCHE KONSTRUKTIONSWERKZEUGLEISTE wird geschlossen

Erzeugen der Rundung

LEISTE DER KONSTRUKTIONSELEMENTE	Mit LMB Icon *Rundungs-Tool*  wählen.
HAUPTARBEITS-FENSTER	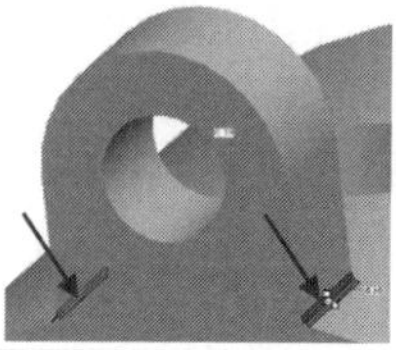 mit LMB Durchdringungskurve zwischen Flansch und Zylinder wählen (zweite Teilkurve mit SHIFT+LMB) hinzuwählen

DYNAMISCHE KONSTRUKTIONS-WERKZEUGLEISTE	Radius: <0.5> ⇒ ENTER ⇒ mit LMB Icon *Bestätigen* wählen → DYNAMISCHE KONSTRUKTIONSW. wird geschlossen

Spiegeln des Flansches

MENUELEISTE	EDITIEREN ⇒ *KE-Operationen* → Fenster **Menü-Manager** öffnet sich
FENSTER **Menü-Manager**	Kopieren ⇒ Spiegeln ⇒ Abhängig ⇒ Fertig → Menü **KE AUSW** erscheint
HAUPTARBEITS-FENSTER	Flanschgrundkörper selektieren ⇒ Flanschbohrung selektieren ⇒ Verrundung selektieren
FENSTER **Menü-Manager**	Fertig → Menü **Ebene einst** erscheint
HAUPTARBEITS-FENSTER	Mit LMB mittige Ebene selektieren.
FENSTER **Menü-Manager**	Fertig.

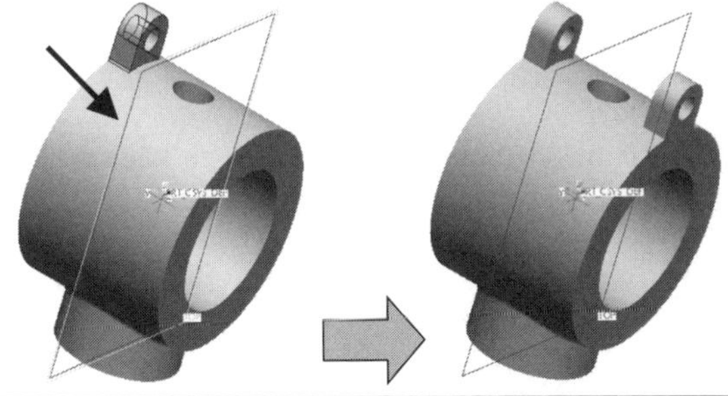

Erzeugen der weiteren Flansche als Muster

HAUPTARBEITS-FENSTER	LMB Flanschgrundkörper selektieren (Bohrung nicht selektieren) → *Mustern-Tool* wird aktiviert
LEISTE DER KONSTRUTIONS-ELEMENTE	mit LMB Button *Mustern-Tool* wählen → DYNAMISCHE KONSTRUKTIONSW. erscheint

DYNAMISCHE KONSTRUKTIONS-WERKZEUGLEISTE	Mustertyp <Achse> wählen.
HAUPTARBEITS-FENSTER	Achse des großen Hauptzylinders wählen.
DYNAMISCHE KONSTRUKTIONS-WERKZEUGLEISTE	Eingabefeld „Anzahl der Mustermitglieder in erster Richtung wählen“: <3> ⇒ ENTER mit LMB den Icon Winkelausdehnung (alle Mitglieder werden gleichmäßig im angegebenen Winkel angeordnet) wählen ⇒ <360> ⇒ ENTER ⇒ mit LMB Icon *Bestätigen* wählen → DYN. KONSTRUKTIONSW. wird geschlossen

Analoge Vorgehensweise zum Mustern von Flanschbohrungen und Verrundung wiederholen (diese Muster kann auch als Referenzmuster erzeugt werden). Auf der zweiten Seite Vorgehensweise wiederholen.

3.1.7 Bauteil einfärben

Um die Einzelteile im späteren Zusammenbau auseinander halten zu können, werden die Einzelteile mit verschiedenen Farben versehen (Abschnitt 1.13.4).

3.1.8 Gehäuse speichern

MENUELEISTE	DATEI ⇒ Speichern	LMB ⇒

3.2 Modellieren der Welle

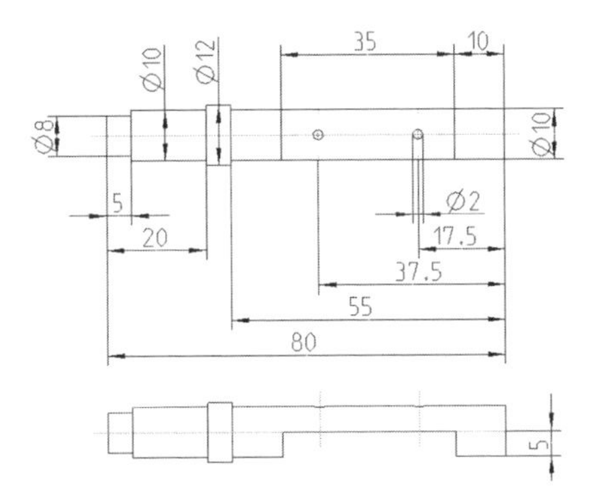

- Erzeugen eines neuen Bauteils
- Erzeugen des Grundkörpers durch Rotation
- Einfügen des abgeflachten Teils
- Einfügen der Bohrungen
- Farbe ändern und Modell speichern

3.2.1 Erzeugen des Grundkörpers

LEISTE DER KONSTRUKTIONS-ELEMENTE	mit LMB Icon *Drehen-Tool* wählen → DYNAMISCHE KONSTRUKTIONSWERKZEUG-LEISTE erscheint
DYNAMISCHE KONSTRUKTIONS-WERKZEUGLEISTE	mit LMB Button *Platzierung* ⇒ Button *Definieren* wählen → Dialogfenster **Schnitt** erscheint
HAUPTARBEITS-FENSTER	Mit LMB Ebene „Front" selektieren.
Dialogfenster **Schnitt**	mit LMB Button *Skizze* wählen → Dialogfenster **Schnitt** wird geschlossen → Dialogfenster **Referenzen** erscheint → Dialogfenster **Auswahl** erscheint → Skizzieransicht wird im Hauptarbeitsfenster geöffnet → SKIZZIERWERKZEUGLEISTE erscheint
Dialogfenster **Referenzen**	mit LMB Button *Schließen* wählen → Dialogfenster **Referenzen** wird geschlossen → Dialogfenster **Auswahl** wird geschlossen

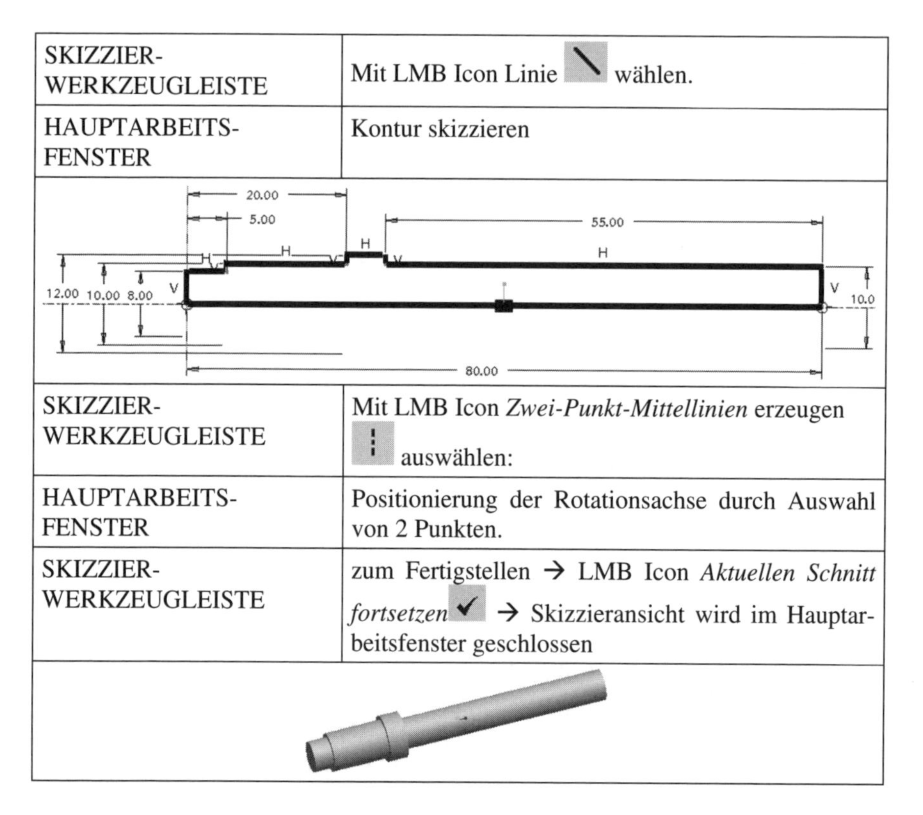

SKIZZIER-WERKZEUGLEISTE	Mit LMB Icon Linie wählen.
HAUPTARBEITS-FENSTER	Kontur skizzieren
SKIZZIER-WERKZEUGLEISTE	Mit LMB Icon *Zwei-Punkt-Mittellinien* erzeugen auswählen:
HAUPTARBEITS-FENSTER	Positionierung der Rotationsachse durch Auswahl von 2 Punkten.
SKIZZIER-WERKZEUGLEISTE	zum Fertigstellen → LMB Icon *Aktuellen Schnitt fortsetzen* → Skizzieransicht wird im Hauptarbeitsfenster geschlossen

3.2.2 Einfügen einer Abflachung

LEISTE DER KONSTRUKTIONS-ELEMENTE	mit LMB Icon *Extrudieren-Tool* wählen → DYN. KONSTRUKTIONSW. erscheint
DYNAMISCHE KONSTRUKTIONSWERKZEUGLEISTE	mit LMB Button *Platzierung* ⇒ Button *Definieren* wählen → Dialogfenster **Schnitt** erscheint
HAUPTARBEITSFENSTER	Mit LMB Ebene „FRONT" selektieren.
Dialogfenster **Schnitt**	mit LMB Button *Skizze* wählen → Dialogfenster **Schnitt** wird geschlossen → Dialogfenster **Referenzen** erscheint → Dialogfenster **Auswahl** erscheint → Skizzieransicht wird im Hauptarbeitsfenster geöffnet → SKIZZIERWERKZEUGLEISTE erscheint

<table>
<tr><td>Fenster
Referenzen</td><td>mit LMB Button *Schließen* wählen → Dialogfenster **Referenzen** wird geschlossen → Dialogfenster **Auswahl** wird geschlossen</td></tr>
<tr><td>SKIZZIER-
WERKZEUGLEISTE</td><td>Mit LMB Icon *Rechteck erzeugen* wählen.</td></tr>
<tr><td>HAUPTARBEITSFENSTER</td><td>Rechteck entsprechend Skizze ausziehen und bemaßen.</td></tr>
<tr><td colspan="2">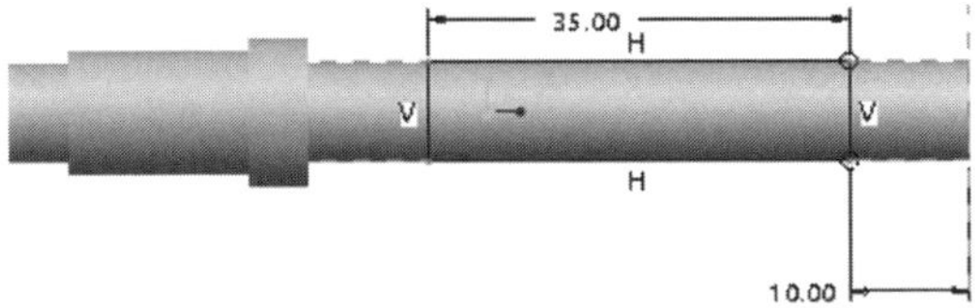
</td></tr>
<tr><td>SKIZZIER-
WERKZEUGLEISTE</td><td>zum Fertigstellen → LMB Icon *Aktuellen Schnitt fortsetzen* → Skizzieransicht wird im Hauptarbeitsfenster geschlossen</td></tr>
<tr><td>DYNAMISCHE
KONSTRUKTIONS-
WERKZEUGLEISTE</td><td>mit LMB Pfeil anklicken, um Tiefenoption zu wählen ⇒ die Option „Bis zu nächster Fläche extrudieren“ wählen
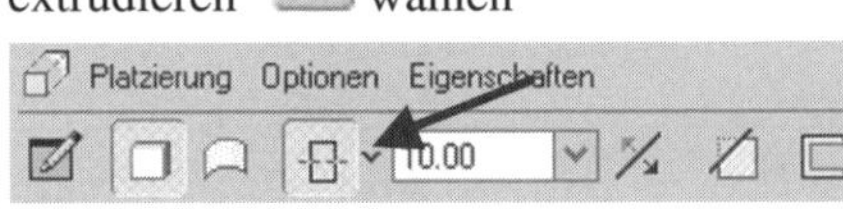

mit LMB Icon *Material entfernen* wählen
⇒ mit LMB Icon *Bestätigen* wählen → DYN. KONSTRUKTIONSW. wird geschlossen</td></tr>
<tr><td colspan="2">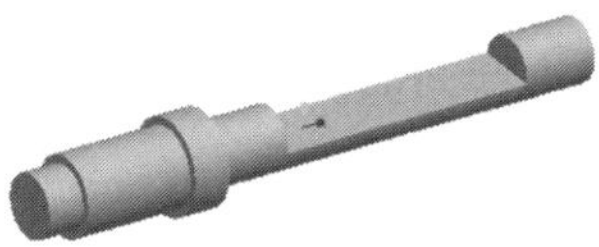</td></tr>
</table>

3.2.3 Erzeugen der Bohrungen

Erzeugen der ersten Bohrung

LEISTE DER KONSTRUKTIONS-ELEMENTE	mit LMB Icon *Bohrungs-Tool* wählen → DYN. KONSTRUKTIONSW. erscheint
HAUPTARBEITS-FENSTER	Mit LMB Aussparung selektieren. 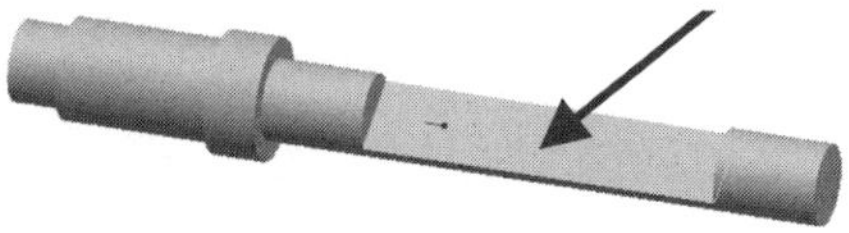
DYNAMISCHE KONSTRUKTIONS-WERKZEUGLEISTE	mit LMB Button *Platzierung* wählen ⇒ Platzierungsart <Linear> ist bereits vorgewählt ⇒ ins Fenster Sekundäre Referenzen, auf den Schriftzug „Hier klicken, u...“, klicken
HAUPTARBEITS-FENSTER	mit LMB Frontfläche der Welle selektieren ⇒ mit STRG+LMB mittige Ebene selektieren 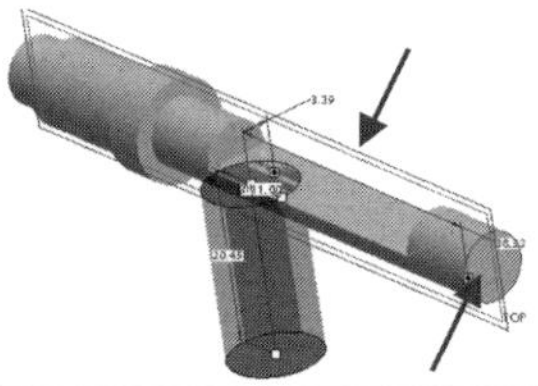
DYNAMISCH KONSTRUKTIONS-WERKZEUGLEISTE 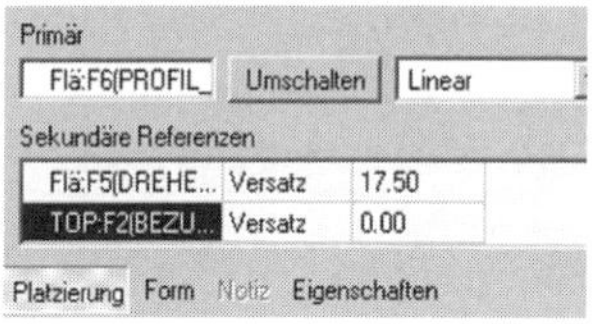	Abstand zur Frontfläche <17.5> ⇒ ENTER (ggf. mit negativen Werten arbeiten) ⇒ Abstand zur Ebene <0> ⇒ ENTER ⇒ mit LMB Pfeil anklicken, um Tiefenoption zu wählen ⇒ die Option „Bis zu nächster Fläche bohren“ wählen ⇒ Bohrungsdurchmesser: <2> ⇒ ENTER ⇒ mit LMB Icon *Bestätigen* wählen → dynamische Konstruktionswerkzeugleiste wird geschlossen

Erzeugen der zweiten Bohrung als Muster

HAUPTARBEITS-FENSTER	mit LMB soeben erzeugte Bohrung selektieren → *Mustern-Tool* wird aktiviert
LEISTE DER KONSTRUKTIONS-ELEMENTE	mit LMB Icon *Mustern-Tool* wählen → DYN. KONSTRUKTIONSW. erscheint
DYNAMISCHE KONSTRUKTIONS-WERKZEUGLEISTE	Mustertyp <Bemaßung> wählen ⇒ mit LMB Button *Bemaßung* wählen
HAUPTARBEITS-FENSTER	Mit LMB die Bemaßung „17.5" selektieren.
Dynamische Konstruktions-werkzeugleiste	Inkrement für die erste Richtung <20> ⇒ ENTER Richtung 1 Bemaßung / Inkrement d14:F8(BOHR... / 20.00 mit LMB Icon Bestätigen wählen → dyn. Konstruktionsw. wird geschlossen

3.2.4 Bauteil einfärben

Um die Einzelteile im späteren Zusammenbau auseinander halten zu können, werden die Einzelteile mit verschiedenen Farben versehen (Abschnitt 1.13.4).

3.2.5 Welle speichern

MENUELEISTE	DATEI ⇒ Speichern	LMB ⇒

3.3 Modellieren von Hebel, Deckel und Ventil

Diese Bauteile sind als selbstständiges Übungsbeispiel gedacht. Eine möglich Vorgehensweise ist im Folgenden dargestellt:

Hebel	Deckel
• Erzeugen eines neuen Bauteils • Erzeugen des Grundkörpers durch Extrudieren einer Trapezfläche • Erzeugen der Hebelenden durch Extrudieren von Kreisflächen • Einfügen der Bohrungen • Farbe ändern und speichern	• Erzeugen eines neuen Bauteils • Erzeugen des Grundzylinders durch Extrudieren • Erzeugen einer Bohrung, restliche Bohrungen als Muster erstellen • Farbe ändern und speichern

Ventil	
	• Erzeugen eines neuen Bauteils • Erzeugen eines Zylinders durch Extrudieren • Erzeugen der Vertiefung als Materialschnitt • Einfügen der Bohrungen • Farbe ändern und speichern

3.4 Zusammenbau

Der Zusammenbau mehrerer Einzelteile in Pro/ENGINEER basiert auf dem Zuweisen von Bedingungen. Diese Bedingungen werden Platzierungsbedingungen genannt und bestimmen die Lage der einzelnen Bauteile zueinander. Die folgende Tabelle enthält eine Übersicht der verfügbaren Platzierungsbedingungen (die meistgebrauchten Bedingungen enthalten zusätzlich eine Skizze).

In der Mehrzahl der Fälle ist es ausreichend, im Zusammenbau mit der vorgewählten Bedingung „Automatisch“ zu arbeiten. Dabei wählt Pro/ENGINEER einen passenden Platzierungstyp. Sollten die Bauteile nach dem Erzeugen einer Platzierungsbedingung nicht wie gewünscht platziert sein, kann über den Button *Orientierung der Bedingung ändern* oftmals die gewünschte Positionierung erreicht werden.

<table>
<tr><td colspan="2">Gegengerichtet (Mate)</td></tr>
<tr><td colspan="2">Diese Bedingung positioniert zwei Flächen oder Bezugsebenen so, dass ihre Senkrechten auf einander zu zeigen. Werden Bezugsebenen mit einem Versatzwert mit dieser Bedingung positioniert, erscheint in der Baugruppenreferenz ein Pfeil, der in Richtung des positiven Versatzes zeigt. Werden sie „zusammenfallend“ oder mit einem Versatzwert von Null positioniert, so fallen die Ebenen mit den sich gegenüberliegenden Senkrechten zusammen. Mit Hilfe des Versatzwerts wird die Distanz zwischen zwei Flächen bestimmt.
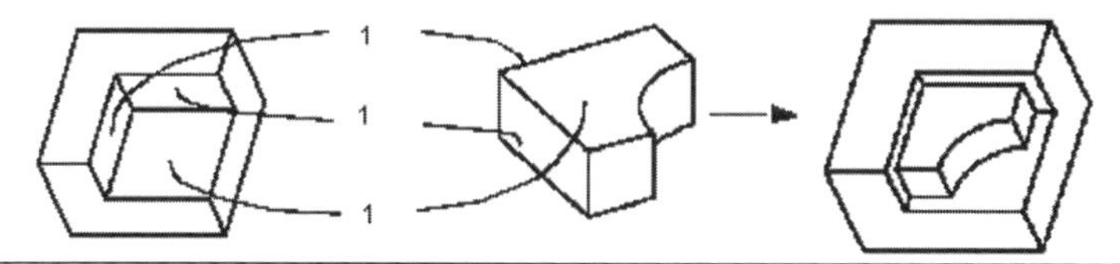
</td></tr>
<tr><td colspan="2">Ausrichten (Align)</td></tr>
<tr><td>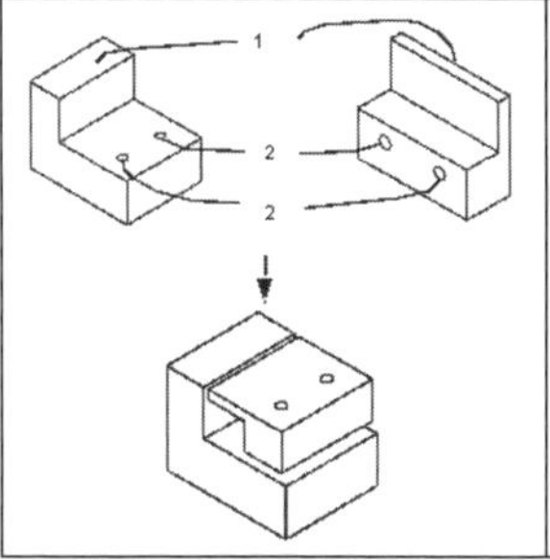
</td><td>Diese Bedingung ordnet zwei Ebenen koplanar (zusammenfallend und in dieselbe Richtung weisend), zwei Achsen koaxial bzw. zwei Punkte zusammenfallend an. Rotierte Flächen oder Kanten können ausgerichtet werden. Der Abstand zwischen den Ebenen wird wie beim Gegenrichten gesteuert.</td></tr>
</table>

Einfügen (Insert)

Mit dieser Bedingung kann eine gedrehte Fläche in eine andere gedrehte Fläche einfügen werden. Die Achsen stehen dabei koaxial zueinander. Diese Bedingung ist nützlich, wenn Achsen nicht ausgewählt werden können oder nicht passen.

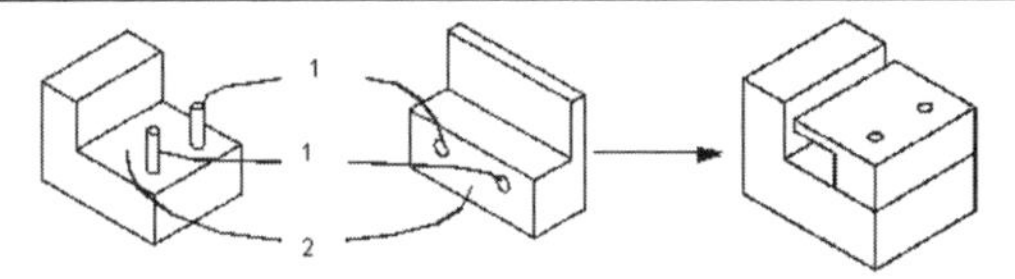

Ksys (Coord Sys)

Diese Bedingung platziert eine Komponente in einer Baugruppe. Das Koordinatensystem wird hierbei an einem Koordinatensystem in der Baugruppe ausgerichtet. Die Komponenten werden eingebaut, indem die entsprechenden Achsen der gewählten Koordinatensysteme ausgerichtet werden.

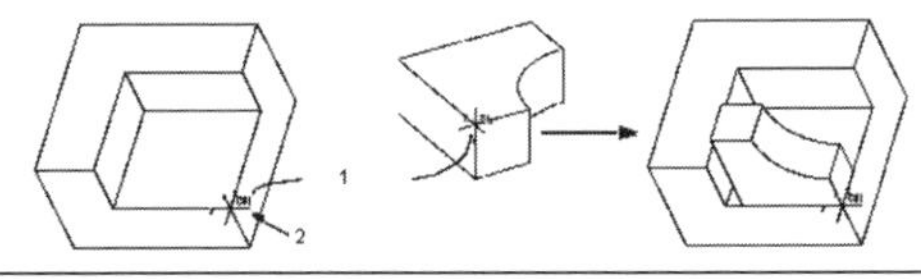

Tangential (Tangent)

Diese Bedingung steuert den Kontakt zweier Flächen an ihren Tangenten. Diese Platzierungsbedingung funktioniert wie der Befehl Gegengerichtet (Mate), da sie Flächen gegeneinander und nicht zueinander ausrichtet. Ein Beispiel für die Verwendung dieser Bedingung ist die Kontaktfläche oder der Kontaktpunkt zwischen einem Nocken und seinem Antrieb.

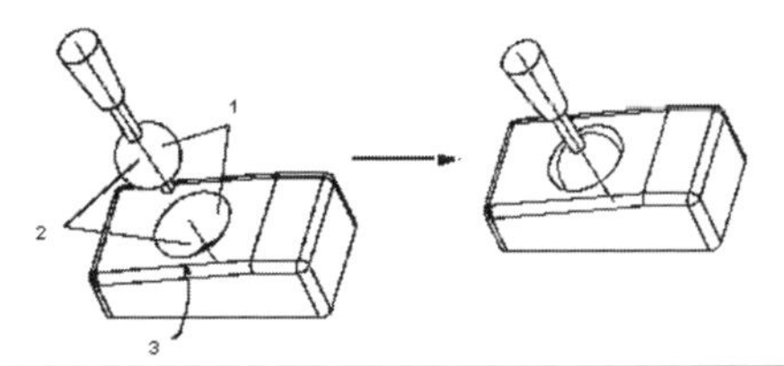

Pnkt auf Linie (Pnt On Line)

Diese Bedingung steuert den Kontakt zwischen einer Kante, Achse oder Bezugskurve und einem Punkt.

Pkt auf Flä (Pnt On Srf)

Diese Bedingung steuert den Kontakt einer Fläche mit einem Punkt. Es können Bezugspunkte von Bauteilen oder Baugruppen, Flächen-KEs, Bezugsebenen oder Teilekörperfläche als Referenzen verwendet werden.

Knt auf Fläch (Edge on Srf)
Diese Bedingung steuert den Kontakt einer Fläche mit einer geraden Kante. Es können Bezugsebenen, planare Flächen-KEs von Bauteilen oder Baugruppen oder beliebige planare Teilekörperflächen verwendet werden.

3.4.1 Neue Baugruppe erstellen

MENUELEISTE	DATEI ⇒ Neu → Fenster **Neu** erscheint
Fenster **Neu**	Typ: <Baugruppe> ⇒ Untertyp: <Konstruktion> ⇒ Dateiname: <drosselventil> ⇒ Button *OK*

3.4.2 Gehäuse einfügen

LEISTE DER KONSTRUKTIONS-ELEMENTE	mit LMB Icon *Komponente zu Baugruppe hinzufügen*  wählen → Fenster **Öffnen** erscheint
Fenster **Öffnen** 	Bauteil „Gehäuse" wählen ⇒ Button *Öffnen* → Fenster **Öffnen** wird geschlossen → Fenster **Komponentenplatzierung** erscheint → Fenster **Auswahl** erscheint
Fenster **Komponentenplatzierung**	Bedingungstyp von <Automatisch> auf <Koord-Sys> ändern.
HAUPTARBEITS-FENSTER	mit LMB das Koordinatensystem des Gehäuses wählen ⇒ mit LMB das Koordinatensystem der Baugruppe wählen

Die Platzierungsbedingung <Koord Sys> bindet 3 Rotations- und 3 Translationsfreiheitsgrade, wodurch das Bauteil vollständig bestimmt ist.

Fenster **Komponentenplatzierung**	mit LMB Button *OK* wählen → Fenster **Komponentenplatzierung** wird geschlossen

3.4.3 Welle einfügen

LEISTE DER KONSTRUKTIONS-ELEMENTE	mit LMB Icon *Komponente zu Baugruppe hinzufügen* wählen → Fenster **Öffnen** erscheint
Fenster **Öffnen**	Bauteil „Welle" wählen ⇒ Button *Öffnen* → Fenster **Öffnen** wird geschlossen → Fenster **Komponentenplatzierung** erscheint → Fenster **Auswahl** erscheint
HAUPTARBEITS-FENSTER	erste Platzierungsbedingung • Komponentenreferenz: Längsachse der Welle • Baugruppenreferenz: Achse der großen senkrechten Bohrung im Gehäuse zweite Platzierungsbedingung • Komponentenreferenz: Absatz der Welle • Baugruppenreferenz: Absatz innerhalb der großen Bohrung

erste Platzierungsbedingung	zweite Platzierungsbedingung
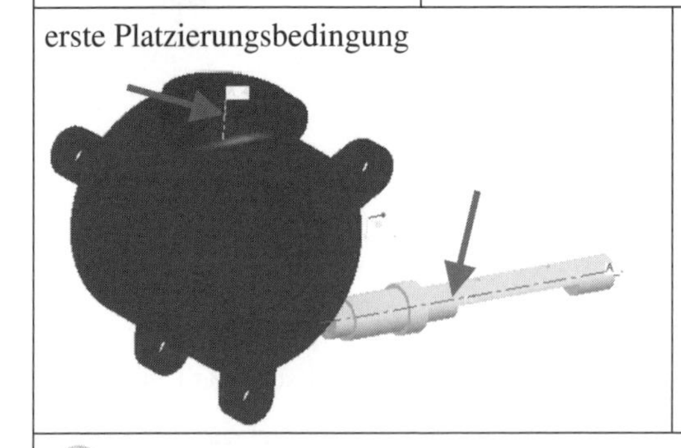	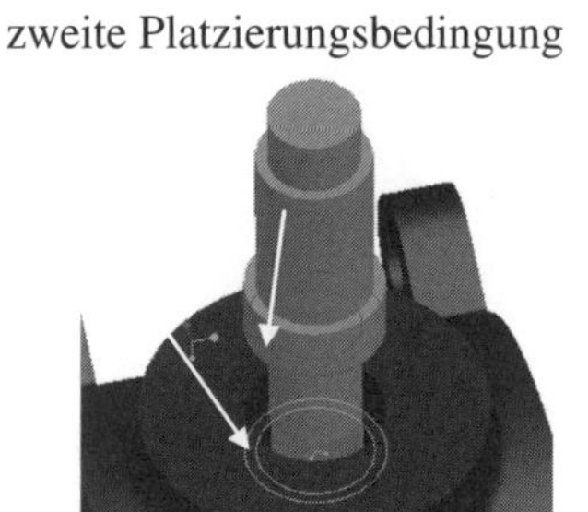

Die Welle ist mit diesen Bedingungen noch nicht eindeutig in ihrer Lage bestimmt. Es ist noch eine Rotation um die Längsachse möglich. Diese Unterbestimmung kann später genutzt werden, um das Ventil im Gehäuse zu drehen.

Fenster **Komponentenplatzierung**	mit LMB Button *OK* wählen → Fenster **Komponentenplatzierung** wird geschlossen

3.4.4 Ventil einfügen

LEISTE DER KONSTRUKTIONS-ELEMENTE	mit LMB Icon *Komponente zu Baugruppe hinzufügen* wählen → Fenster **Öffnen** erscheint
Fenster **Öffnen**	Bauteil „ventil" wählen Button *Offnen* → Fenster **Öffnen** wird geschlossen → Fenster **Komponentenplatzierung** erscheint → Fenster **Auswahl** erscheint
HAUPTARBEITS-FENSTER	erste Platzierungsbedingung • Komponentenreferenz: Aussparung im Ventil • Baugruppenreferenz: Aussparung in der Welle zweite Platzierungsbedingung • Komponentenreferenz: Achse einer der Bohrungen • Baugruppenreferenz: Achse einer der Bohrungen dritte Platzierungsbedingung • Komponentenreferenz: Achse der zweiten Bohrung • Baugruppenreferenz: Achse der zweiten Bohrung

erste Platzierungsbedingung	zweite und dritte Platzierungsbedingung
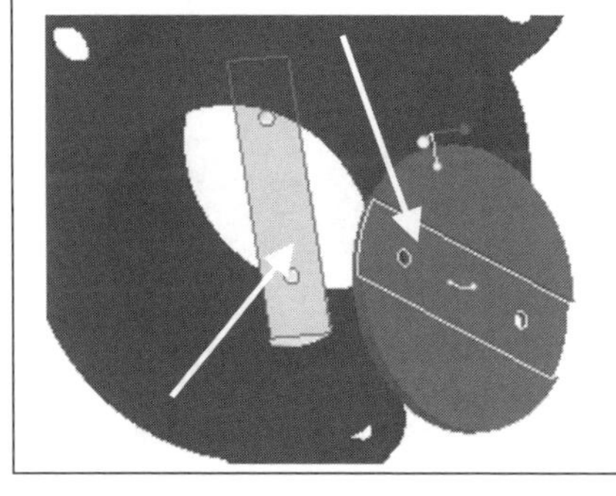	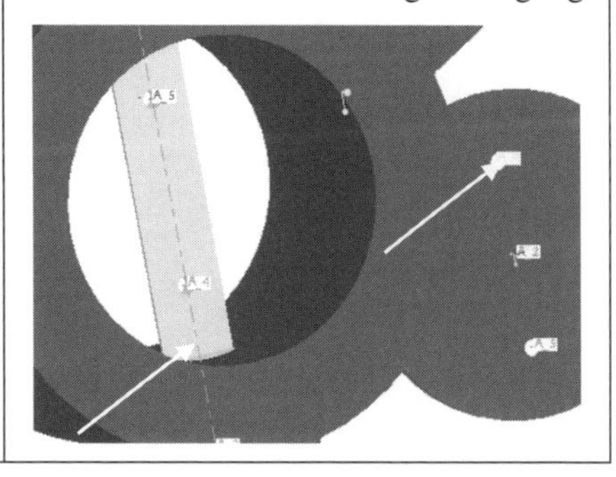

Fenster **Komponentenplatzierung**	mit LMB Button *OK* wählen → Fenster **Komponentenplatzierung** wird geschlossen

3.4.5 Deckel einfügen

LEISTE DER KONSTRUKTIONSELEMENTE	mit LMB Icon *Komponente zu Baugruppe hinzufügen* wählen → Fenster **Öffnen** erscheint
Fenster **Öffnen**	Bauteil „Deckel" wählen ⇒ Button *Öffnen* → Fenster **Öffnen** wird geschlossen → Fenster **Komponentenplatzierung** erscheint → Fenster **Auswahl** erscheint
HAUPTARBEITSFENSTER	erste Platzierungsbedingung • Komponentenreferenz: Längsachse der Welle • Baugruppenreferenz: Achse der großen Bohrung des Deckels zweite Platzierungsbedingung • Komponentenreferenz: Grund- oder Deckfläche des Deckels • Baugruppenreferenz: Deckfläche des senkrechten Zylinders des Gehäuses dritte Platzierungsbedingung • Komponentenreferenz: Achse einer der kleinen Bohrungen des Deckels • Baugruppenreferenz: Achse einer der kleinen Bohrungen des Gehäuses

erste Platzierungsbedingung	zweite und dritte Platzierungsbedingung
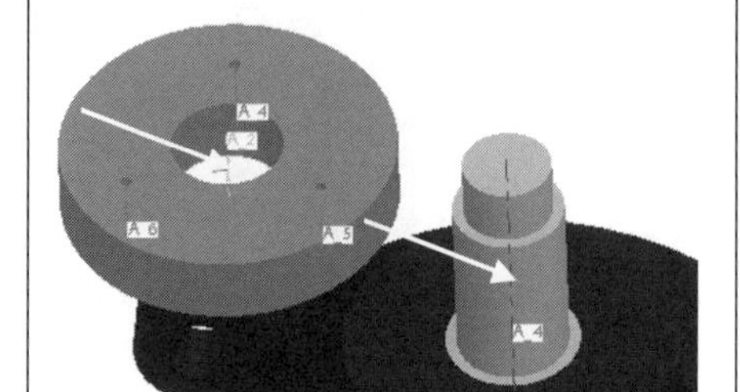	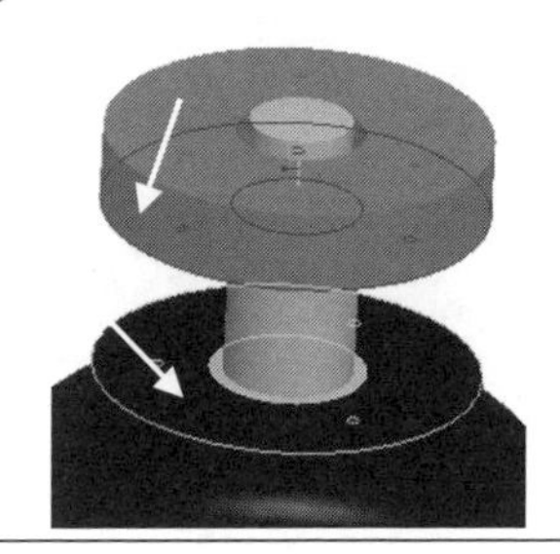

Fenster **Komponenten-platzierung**	mit LMB Button *OK* wählen → Fenster **Komponentenplatzierung** wird geschlossen

3.4.6 Hebel einfügen

LEISTE DER KONSTRUKTIONS-ELEMENTE	mit LMB Icon *Komponente zu Baugruppe hinzufügen*  wählen → Fenster **Öffnen** erscheint
Fenster **Öffnen**	Bauteil „Hebel“ wählen ⟹ Button *Öffnen* → Fenster **Öffnen** wird geschlossen → Fenster **Komponentenplatzierung** erscheint → Fenster **Auswahl** erscheint
HAUPTARBEITSFENSTER 	erste Platzierungsbedingung • Komponentenreferenz: Längsachse der Welle • Baugruppenreferenz: Achse der Bohrung des Hebels zweite Platzierungsbedingung • Komponentenreferenz: Grund- oder Deckfläche des Hebels • Baugruppenreferenz: Deckfläche des Deckels
erste Platzierungsbedingung 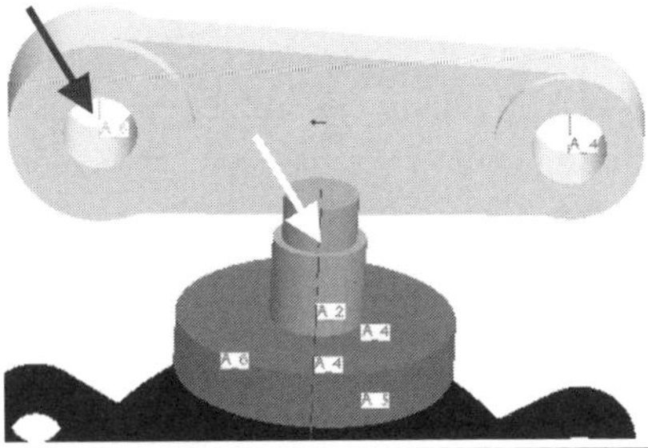	zweite Platzierungsbedingung 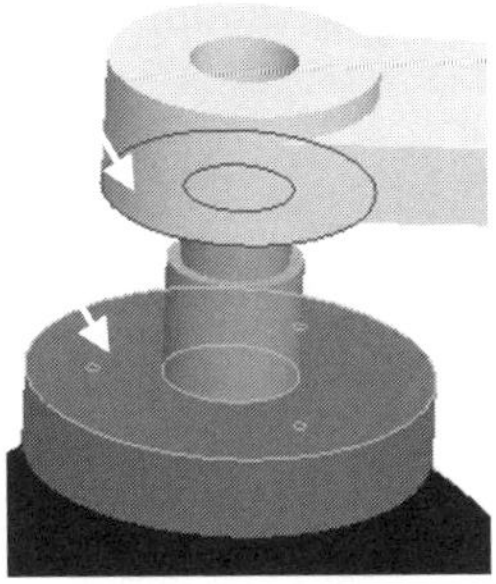
Fenster **Komponenten-platzierung**	mit LMB Button *OK* wählen → Fenster **Komponentenplatzierung** wird geschlossen

3.5 Zeichnungserstellung des Deckels

- Zeichnung erzeugen
- Voreinstellungen durchführen
- Ansichten einfügen
- Bemaßungen einfügen und ordnen
- Ausfüllen des Schriftfelds
- Erzeugen von Symbolen
- Zeichnung speichern

3.5.1 Zeichnung erzeugen und Einstellung der Formate

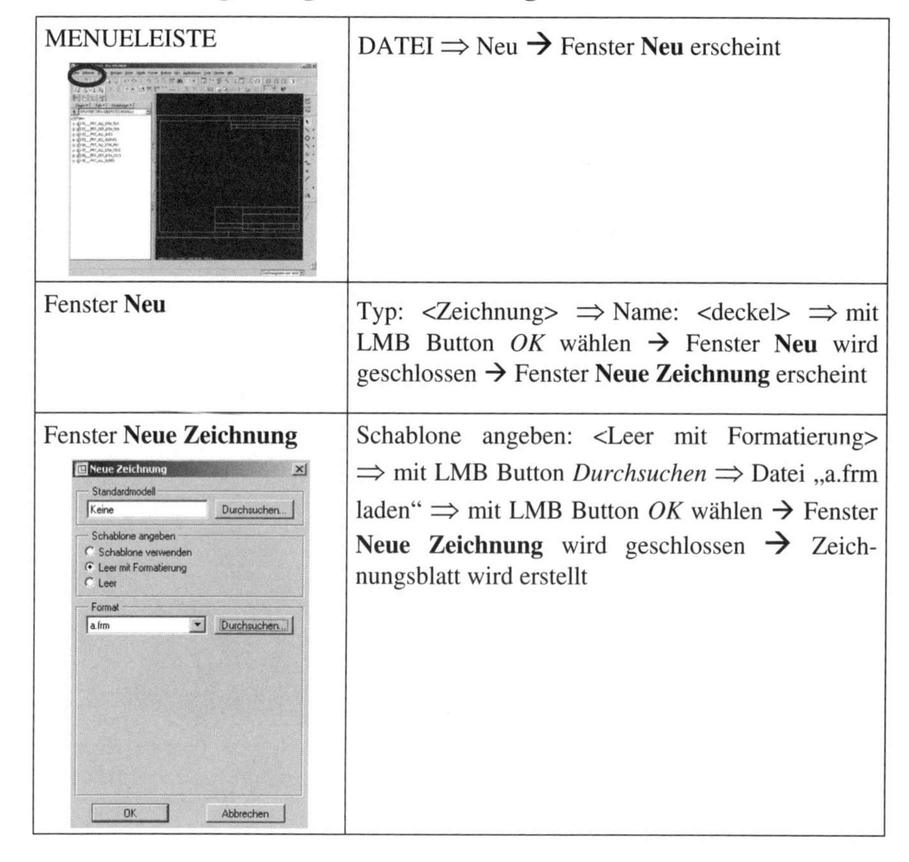

MENUELEISTE	DATEI ⇒ Neu → Fenster **Neu** erscheint
Fenster **Neu**	Typ: <Zeichnung> ⇒ Name: <deckel> ⇒ mit LMB Button *OK* wählen → Fenster **Neu** wird geschlossen → Fenster **Neue Zeichnung** erscheint
Fenster **Neue Zeichnung**	Schablone angeben: <Leer mit Formatierung> ⇒ mit LMB Button *Durchsuchen* ⇒ Datei „a.frm laden" ⇒ mit LMB Button *OK* wählen → Fenster **Neue Zeichnung** wird geschlossen → Zeichnungsblatt wird erstellt

3.5.2 Voreinstellungen durchführen

Erzeugen der ersten Bezugsebene

MENUELEISTE	DATEI ⇒ Eigenschaften → Fenster **Menü-Manager** erscheint
Fenster **Menü-Manager** Menü-Manager ▼ DATEIEIGENSCHA Zeichnungsmodelle Zeichnungsoptionen Toleranznorm **Fertig/Zurück**	⇒ Zeichnungsoptionen → Fenster **Optionen** erscheint
Fenster **Optionen**	mit LMB Icon *Öffnen* wählen ⇒ Datei „din.dtl“ laden (diese Datei befindet sich an folgender Stelle: Pro/ENGINEER-Installationsverzeichnis/text/din.dtl, Zeichnungseinstellungen nach DIN) ⇒ mit LMB Button *OK* wählen

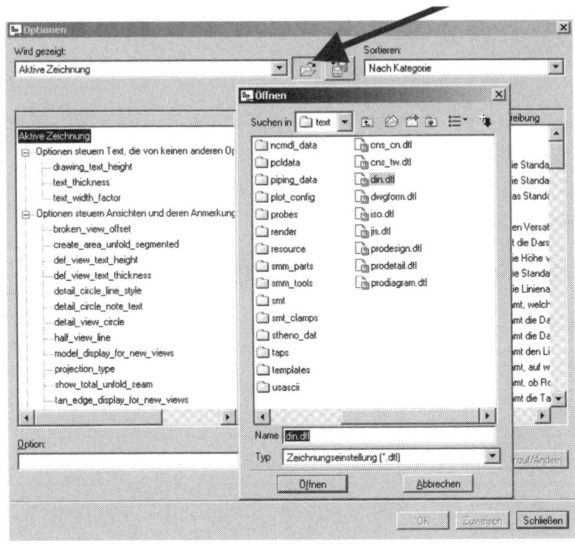

Fenster **Menü-Manager**	⇒ Fertig/ Zurück → Fenster **Menü-Manager** wird geschlossen

3.5.3 Ansichten einfügen

Basisansicht einfügen

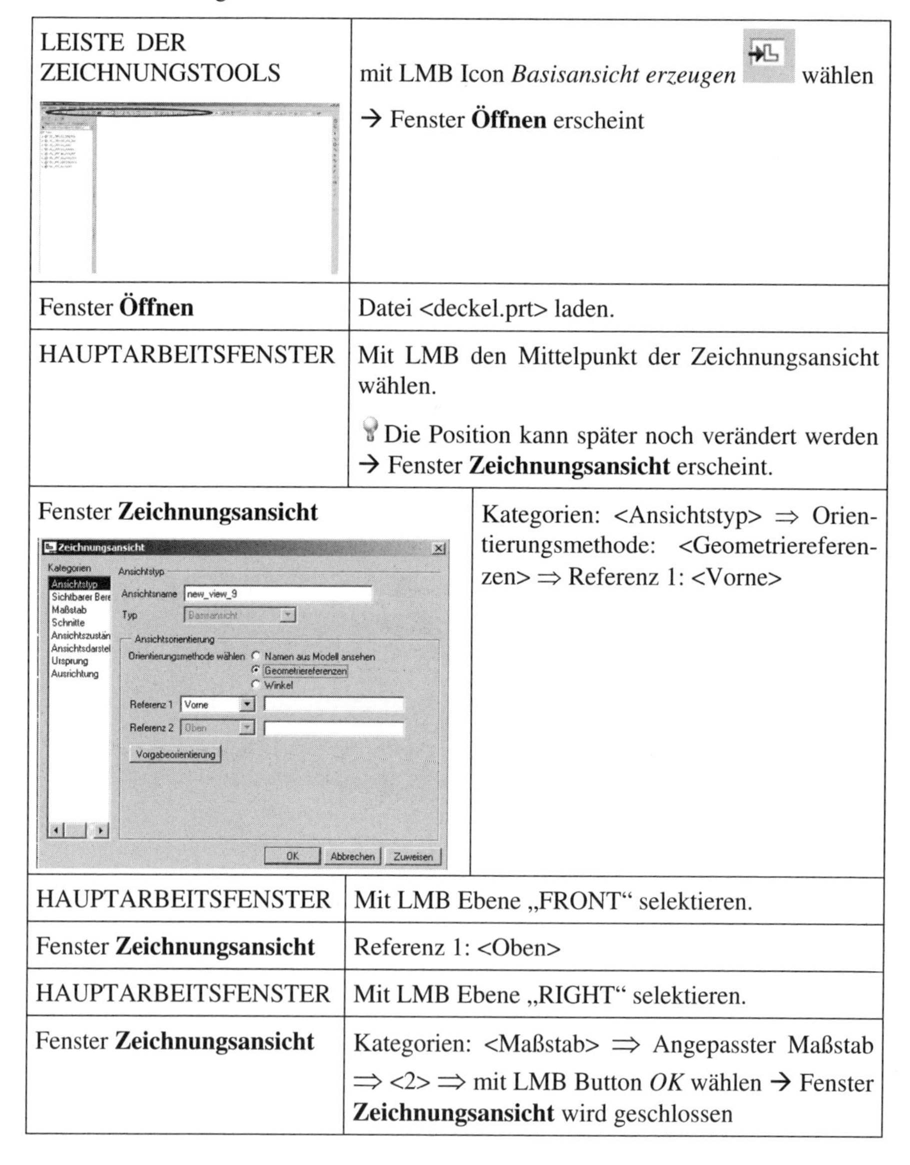

LEISTE DER ZEICHNUNGSTOOLS	mit LMB Icon *Basisansicht erzeugen* wählen → Fenster **Öffnen** erscheint
Fenster **Öffnen**	Datei <deckel.prt> laden.
HAUPTARBEITSFENSTER	Mit LMB den Mittelpunkt der Zeichnungsansicht wählen. Die Position kann später noch verändert werden → Fenster **Zeichnungsansicht** erscheint.
Fenster **Zeichnungsansicht**	Kategorien: <Ansichtstyp> ⇒ Orientierungsmethode: <Geometriereferenzen> ⇒ Referenz 1: <Vorne>
HAUPTARBEITSFENSTER	Mit LMB Ebene „FRONT" selektieren.
Fenster **Zeichnungsansicht**	Referenz 1: <Oben>
HAUPTARBEITSFENSTER	Mit LMB Ebene „RIGHT" selektieren.
Fenster **Zeichnungsansicht**	Kategorien: <Maßstab> ⇒ Angepasster Maßstab ⇒ <2> ⇒ mit LMB Button *OK* wählen → Fenster **Zeichnungsansicht** wird geschlossen

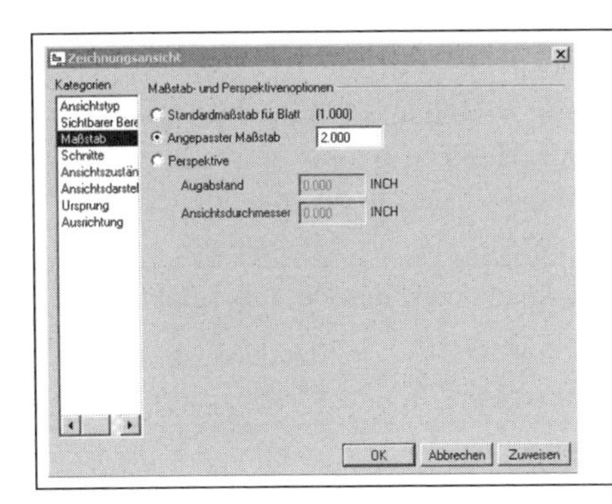

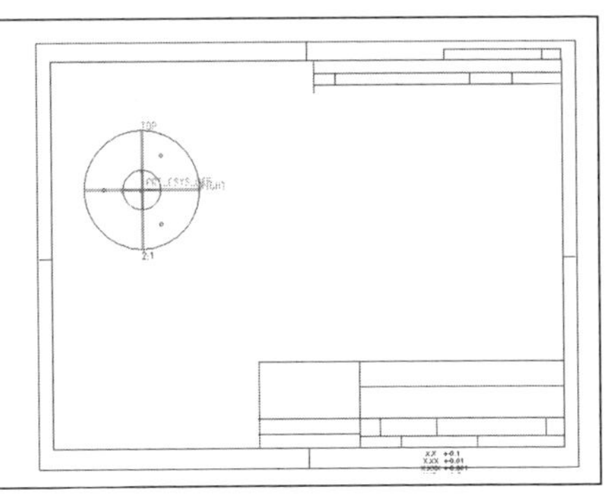

Schnittansicht einfügen

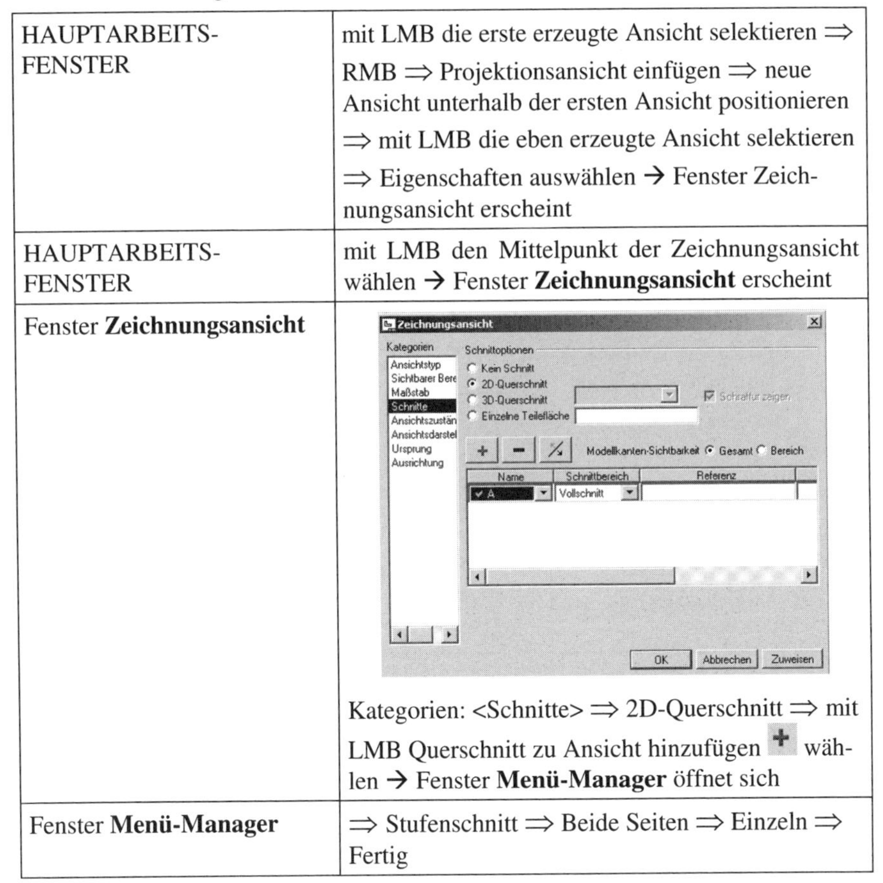

HAUPTARBEITS-FENSTER	mit LMB die erste erzeugte Ansicht selektieren ⇒ RMB ⇒ Projektionsansicht einfügen ⇒ neue Ansicht unterhalb der ersten Ansicht positionieren ⇒ mit LMB die eben erzeugte Ansicht selektieren ⇒ Eigenschaften auswählen → Fenster Zeichnungsansicht erscheint
HAUPTARBEITS-FENSTER	mit LMB den Mittelpunkt der Zeichnungsansicht wählen → Fenster **Zeichnungsansicht** erscheint
Fenster **Zeichnungsansicht**	Kategorien: <Schnitte> ⇒ 2D-Querschnitt ⇒ mit LMB Querschnitt zu Ansicht hinzufügen + wählen → Fenster **Menü-Manager** öffnet sich
Fenster **Menü-Manager**	⇒ Stufenschnitt ⇒ Beide Seiten ⇒ Einzeln ⇒ Fertig

MITTEILUNGSFENSTER	Querschnittsnamen eingeben ⇒ Name: <A> ⇒ ENTER → Mitteilungsfenster wird geschlossen → Fenster **Menü-Manager** erscheint → Fenster **Deckel** mit 3D-Ansicht des Bauteils „Deckel" erscheint
Fenster **Deckel**	Mit LMB die Deckfläche des Deckels selektieren.
Fenster **Menü-Manager**	Neu einstellen ⇒ OK ⇒ Standard → Fenster **Referenzen** erscheint
Fenster **Referenzen**	mit LMB Button *Schließen* wählen → Fenster **Referenzen** wird geschlossen
Fenster **Deckel**	MENUELEISTE ⇒ SKIZZE ⇒ LINIE ⇒ Linie
HAUPTARBEITSFENSTER des Fensters Deckel	Schnittverlauf entsprechend Skizze erzeugen und bemaßen.
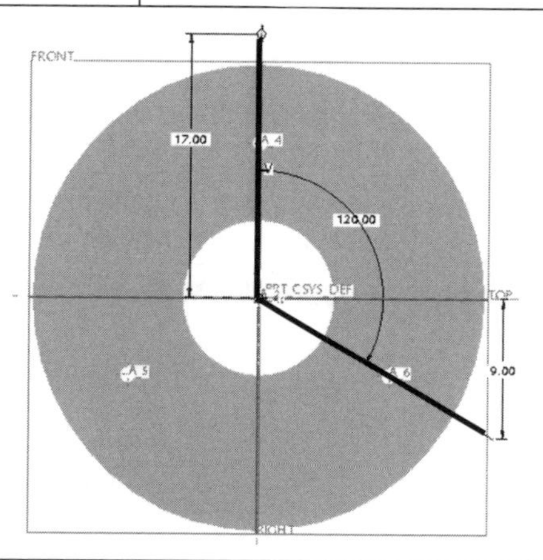	
Fenster **Deckel**	MENUELEISTE ⇒ SKIZZE ⇒ Fertig → Fenster **Deckel** mit 3D-Ansicht des Bauteils „Deckel" wird geschlossen
Fenster **Zeichnungsansicht**	Kategorien: <Ansichtstyp> ⇒ Orientierungsmethode: <Geometriereferenzen> ⇒ Referenz 1: <Vorne>
HAUPTARBEITSFENSTER	Mit LMB Ebene „RIGHT" selektieren.
Fenster **Zeichnungsansicht**	Referenz 1: <Oben>

HAUPTARBEITSFENSTER	Mit LMB Ebene „TOP“ selektieren.
Fenster **Zeichnungsansicht**	Kategorien: <Maßstab> ⇒ Angepasster Maßstab ⇒ <2> ⇒ mit LMB Button OK wählen → Fenster **Zeichnungsansicht** wird geschlossen
HAUPTARBEITSFENSTER	mit LMB die eben erzeugte Schnittansicht selektieren ⇒ RMB ⇒ Pfeile hinzuf. ⇒ mit LMB Hauptansicht (Draufsicht) selektieren → Pfeile werden hinzugefügt

Sollten die Pfeile auf der anderen Seite des Schnittverlaufs angetragen sein, so ist die Blickrichtung auf den Schnitt umzukehren. Dazu wie folgt vorgehen:

mit LMB den Schnittverlauf selektieren ⇒ RMB ⇒ Materialentfernungsseite umschalten → Blickrichtung wird umgekehrt

Ansicht von oben einfügen

HAUPTARBEITSFENSTER	mit LMB die erste erzeugte Ansicht selektieren ⇒ RMB ⇒ Projektionsansicht einfügen ⇒ neue Ansicht unterhalb der ersten Ansicht positionieren ⇒ mit LMB die eben erzeugte Ansicht selektieren ⇒ Eigenschaften auswählen → Fenster Zeichnungsansicht wählen

Fenster **Zeichnungsansicht**	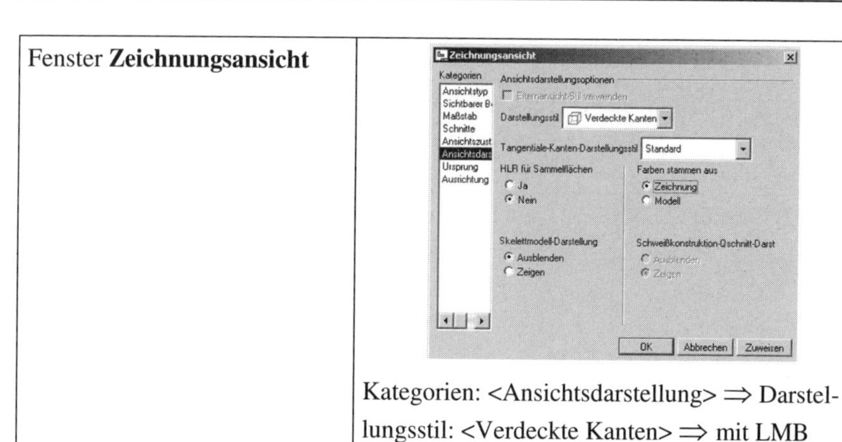 Kategorien: <Ansichtsdarstellung> ⇒ Darstellungsstil: <Verdeckte Kanten> ⇒ mit LMB Button OK wählen → Fenster **Zeichnungsansicht** wird geschlossen

Einzelheit einfügen

LEISTE DER ZEICHNUNGSTOOLS	mit LMB Button *Basisansicht erzeugen* wählen → Fenster **Öffnen** erscheint
HAUPTARBEITSFENSTER	mit LMB den Mittelpunkt der Zeichnungsansicht wählen → Fenster **Zeichnungsansicht** erscheint
Fenster **Zeichnungsansicht**	Kategorien: <Ansichtstyp> ⇒ Orientierungsmethode: <Geometriereferenzen> ⇒ Referenz 1: <Vorne>
HAUPTARBEITSFENSTER	Mit LMB Ebene „FRONT" selektieren.
Fenster **Zeichnungsansicht**	Referenz 1: <Oben>
HAUPTARBEITSFENSTER	Mit LMB Ebene „RIGHT" selektieren.
Fenster **Zeichnungsansicht**	Kategorien: <Maßstab> ⇒ Angepasster Maßstab ⇒ <5> ⇒ mit LMB Button zuweisen wählen
Fenster **Zeichnungsansicht**	Kategorien: <Sichtbarer Bereich> (siehe Bild 1) ⇒ Ansichtssichtbarkeit: <Teilansicht>
HAUPTARBEITSFENSTER	mit LMB eine der kleinen Bohrungen selektieren (siehe Bild 2) → Kreuz wird gesetzt ⇒ mit LMB einen Spline erzeugen, der die dazustellende Einzelheit begrenzt (siehe Bild 2)

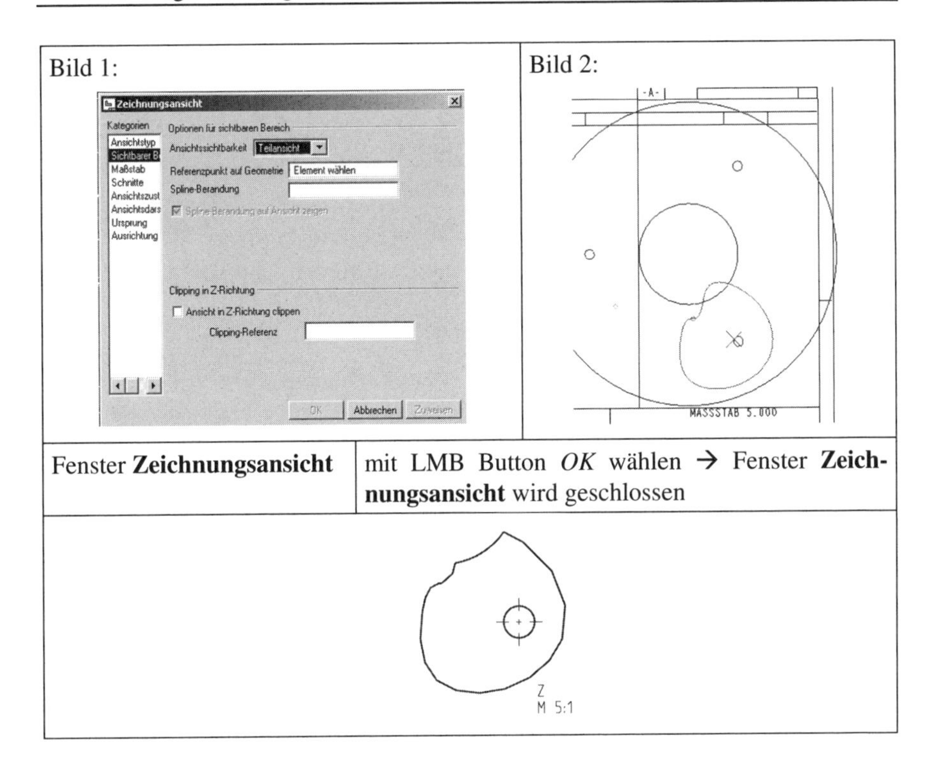

Fenster **Zeichnungsansicht**	mit LMB Button *OK* wählen → Fenster **Zeichnungsansicht** wird geschlossen

3.5.4 Zeichnung bemaßen

Symmetrielinien der Bohrungen einblenden

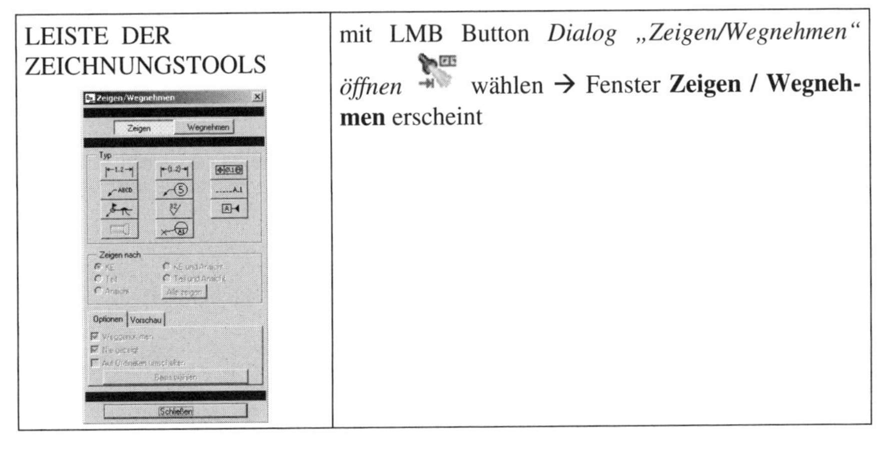

LEISTE DER ZEICHNUNGSTOOLS	mit LMB Button *Dialog „Zeigen/Wegnehmen" öffnen* wählen → Fenster **Zeigen / Wegnehmen** erscheint

Fenster **Zeigen/Wegnehmen**	mit LMB Button *Achse* ----A_1 wählen ⇒ mit LMB Button *Alle Zeigen* Alle zeigen wählen → Fenster **Bestätigen** erscheint
Fenster **Bestätigen**	Button *OK* wählen.
Fenster **Zeigen/Wegnehmen**	mit LMB Button *Alle akzeptieren* Alle akzeptieren wählen ⇒ mit LMB Button schließen wählen

Beim Modellieren erzeugte Bemaßungen anzeigen

LEISTE DER ZEICHNUNGSTOOLS	mit LMB Button *Dialog „Zeigen/Wegnehmen" öffnen* wählen → Fenster **Zeigen/Wegnehmen** erscheint
Fenster **Zeigen/Wegnehmen**	mit LMB Button Bemaßung ⊢1.2⊣ wählen ⇒ mit LMB Button *Alle Zeigen* Alle zeigen wählen → Fenster **Bestätigen** erscheint
Fenster **Bestätigen**	Button *OK* wählen.
Fenster **Zeigen/Wegnehmen**	mit LMB Button *Alle akzeptieren* Alle akzeptieren wählen ⇒ mit LMB Button schließen wählen

Nicht benötigte Bemaßungen können später wieder entfernt werden. Dazu:
mit LMB Bemaßung selektieren ⇒ RMB ⇒ Wegnehmen

Hinzufügen weiterer Bemaßungen

LEISTE DER ZEICHNUNGSTOOLS	mit LMB Button *Standard-Bemaßung mit neuen Referenzen erzeugen* wählen → Fenster **Zeigen/Wegnehmen** erscheint
HAUPTARBEITS-FENSTER	Bemaßung an den gewünschten Elementen antragen (Vorgehensweise analog Skizzenerzeugung)

Hilfslinien für weitere Bemaßungen erzeugen

MENUELEISTE	SKIZZE ⇒ LINIE ⇒ *Linie* → Fenster **Einrastreferenzen** erscheint
Fenster **Einrastreferenzen**	mit LMB Button *Referenzen wählen* wählen → Fenster **Auswahl** erscheint

HAUPTARBEITS-FENSTER	Mit LMB die Elemente wählen, an denen die Hilfsgeometrielinien ausgerichtet werden sollen. 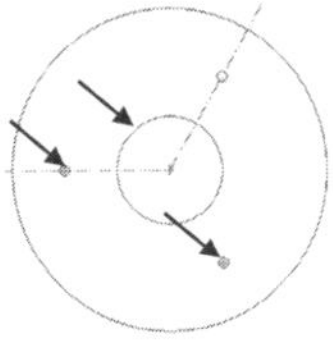
Fenster **Auswahl**	Mit LMB Button *OK* wählen.
HAUPTARBEITS-FENSTER	Zwei Hilfslinien zeichnen. 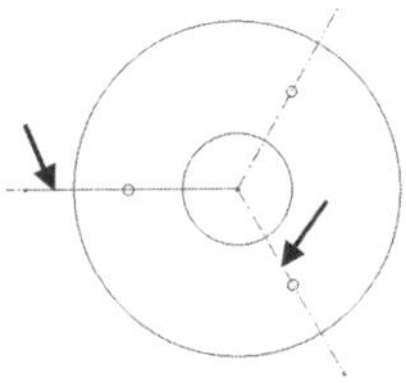 mit LMB beide Linien selektieren ⇒ RMB ⇒ Linienstil → Fenster **Linienstil ändern** erscheint
Fenster **Linienstil ändern**	Linienstil: <Phantom> ⇒ mit LMB Button *Zuweisen* wählen ⇒ mit LMB Button *Schließen* wählen → Fenster **Linienstil ändern** wird geschlossen
MENUELEISTE	SKIZZE ⇒ Konstruktionshilfskreis → Fenster **Einrastreferenzen** erscheint
Fenster **Einrastreferenzen**	mit LMB Button *Referenzen wählen*  wählen → Fenster **Auswahl** erscheint
HAUPTARBEITS-FENSTER	Mit LMB die Elemente wählen, an denen die Hilfsgeometrielinien ausgerichtet werden sollen. 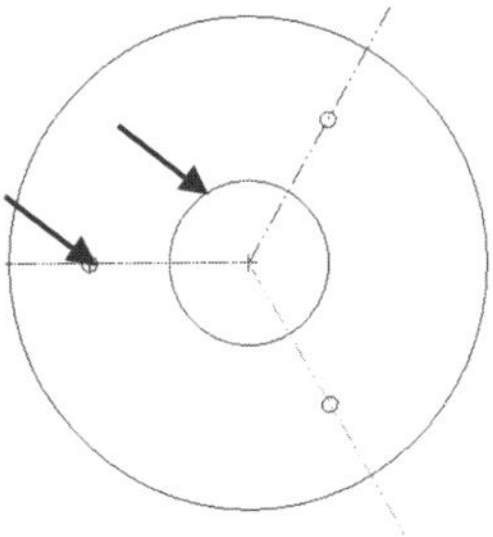

Fenster **Auswahl**	Mit LMB Button *OK* wählen.
HAUPTARBEITS-FENSTER	Konstruktionskreis zeichnen.

Bemaßung antragen

LEISTE DER ZEICHNUNGSTOOLS	mit LMB Button *Standard-Bemaßung mit neuen Referenzen erzeugen* wählen → Fenster **Zeigen/Wegnehmen** erscheint
HAUPTARBEITS-FENSTER	Winkelbemaßung zwischen den kleineren Bohrungen erzeugen, dazu die eben erzeugten Konstruktionshilfslinien verwenden ⇒ mit LMB die erzeugte Bemaßung selektieren ⇒ RMB ⇒ Eigenschaften → Fenster **Bemaßungseigenschaften** erscheint
Fenster **Bemaßungseigenschaften**	Reiterkarte „Bemaßungstext wählen" ⇒ Präfix: <3x> ⇒ mit LMB Button *OK* wählen → Fenster **Bemaßungseigenschaften** wird geschlossen
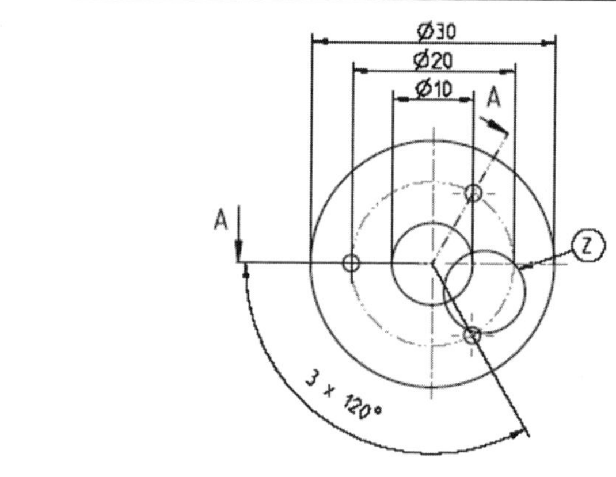	

3.5.5 Oberflächengüte eintragen

<table>
<tr><td>MENUELEISTE
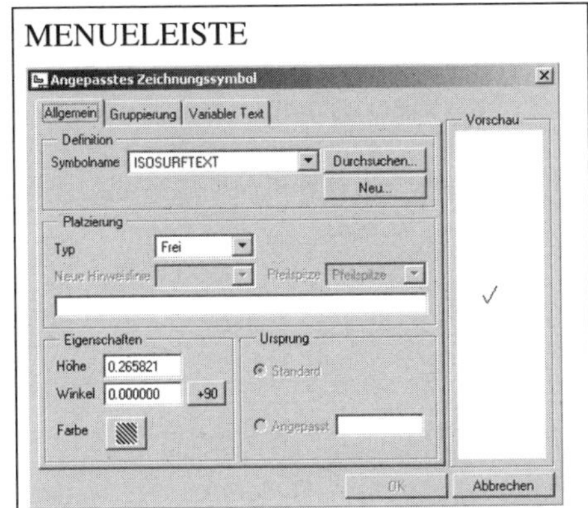
</td><td>EINFÜGEN ⇒ ZEICHNUNGS-SYMBOL ⇒ angepasst → Fenster Angepasstes Zeichnungssymbol erscheint</td></tr>
<tr><td>Fenster Angepasstes Zeichnungssymbol</td><td>Symboldatei „isosurftext.sym“ laden (zu finden in Pro/ENGINEER-Installationsordner/symbols/ libary_syms/ isosurftext/isosurftext.sym) ⇒ Eigenschaften/ Höhe: <0.5> ⇒ Reiterkarte „Gruppierung“ wählen ⇒ die Option „MACHINED/OTHER_ROUGH“ und „MACHINED/ PROD_METHOD“ aktivieren ⇒ Reiterkarte „Variabler Text wählen” ⇒ prod_method: <geschnitten> ⇒ other_rough: <Rz 6.3> ⇒ Registrierkarte „Allgemein” wählen ⇒ Platzierung/Typ: <Auf Element></td></tr>
<tr><td>HAUPTARBEITS-FENSTER</td><td>Angabe für Oberflächengüte auf der Innenseite der großen Bohrung antragen ⇒ mit MMB bestätigen</td></tr>
<tr><td>Fenster Angepasstes Zeichnungssymbol</td><td>mit LMB Button OK wählen → Fenster Angepasstes Zeichnungssymbol wird geschlossen</td></tr>
</table>

3.5.6 Schriftfeld ausfüllen

Um ein vorhandenes Schriftfeld auszufüllen, wird die Funktion *Notiz* verwendet.

MENUELEISTE	EINFÜGEN ⇒ Notiz → Fenster **Menü-Manager** erscheint

Fenster **Menü-Manager**	Ohne HWLinie ⇒ Eingeben ⇒ Horizontal ⇒ Standard ⇒ Standard ⇒ Notiz eingeben
HAUPTARBEITS-FENSTER	mit LMB die Position der Notiz wählen → MITTEILUNGSFENSTER erscheint
MITTEILUNGSFENSTER	Text eingeben ⇒ mit LMB Button [X] wählen → Notiz wird erzeugt

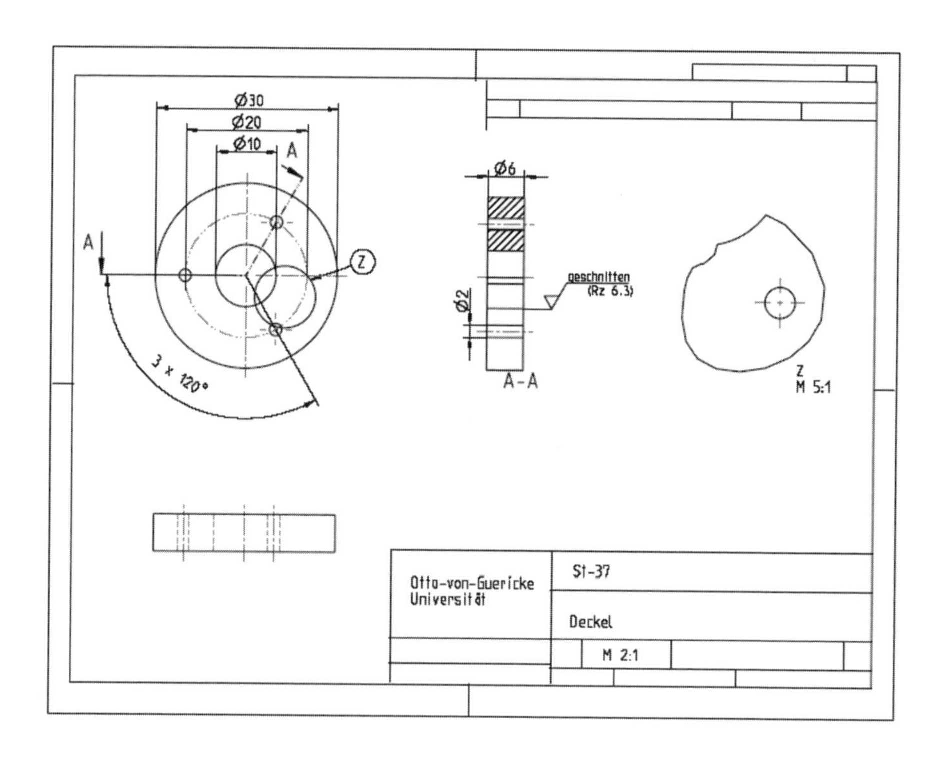

4 Übung 3: Sattel

- Einlesen und Spiegeln von Punkten
- Erzeugen einer B-Spline Fläche aus Splinekurven
- Erzeugen der 2. Sattelfläche
- Verbinden der Sattelflächen
- Verschmelzen der einzelnen Flächen
- Umwandeln in Volumenmodell
- Erzeugen der Bohrungen
- Anbringen der Verrundungen

4.1 Neue Datei erzeugen

Erzeugen eines neuen Bauteils; Name <sattel>

4.2 Punkte erzeugen

LEISTE DER KONSTRUKTIONS-ELEMENTE		mit LMB Icon *Versatzkoordinatensystem-Bezugspunkt-Tool* wählen 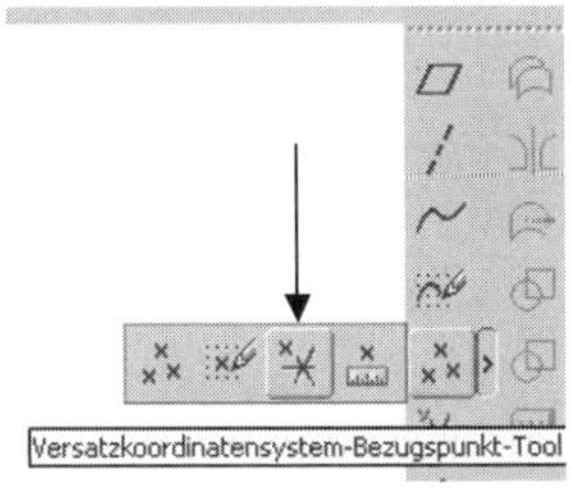 → Fenster **Versatz-KSys-Bezugspunkt** erscheint
HAUPTARBEITSFENSTER		Mit LMB Koordinatensystem selektieren.
Fenster **Versatz-KSys-Bezugspunkt**		in erste leere Zelle klicken ⇒ X-Wert, Y-Wert und Z-Wert entsprechend Tabelle eingeben ⇒ um einen neuen Punkt hinzufügen, in erste

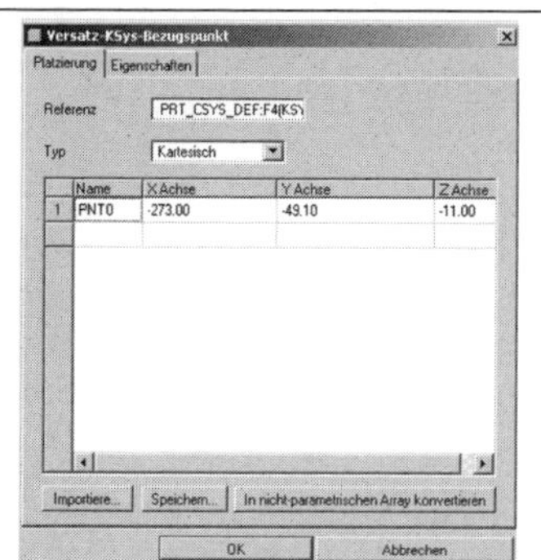

freie Zelle der nächsten Zeile klicken ⇒ alle Punkte der folgenden Übersicht hinzufügen

x	y	z		x	y	z
-273	-49,1	-11,0		-123	-86,1	-10,9
-273	-49,2	-19,5		-123	-93,8	-21,8
-273	-49,9	-27,8		-123	-106,3	-27,4
-273	-51,4	-36,1		-123	-118,3	-34,4
-273	-53,9	-44,1		-123	-128,1	-42,8
-243	-39,1	-10,9		-83	-89,1	-10,9
-243	-41,1	-31,7		-83	-95,1	-20,1
-243	-47,0	-51,9		-83	-103,2	-24,6
-243	-59,5	-68,5		-83	-111,7	-30,9
-243	-76,1	-80,9		-83	-119,9	-36,5
-203	-70,1	-10,9		-43	-90,1	-10,9
-203	-78,9	-29,3		-43	-93,7	-17,8
-203	-93,8	-44,6		-43	-99,4	-23,3
-203	-104,3	-63,2		-43	-105,2	-28,7
-203	-109,1	-83,9		-43	-111,1	-33,9
-163	-80,5	-10,9		0	-89,9	-9,8
-163	-90,4	-24,0		0	-91,3	-15,5
-163	-106,5	-31,6		0	-94,2	-20,5
-163	-121,5	-41,4		0	-97,5	-25,3
-163	-134,1	-53,9		0	-101,8	-29,0

Fenster **Versatz-KSys-Bezugspunkt**	mit LMB Button OK wählen → Fenster **Versatz-Ksys-Bezugspunkt** wird geschlossen → Punkte werden erzeugt

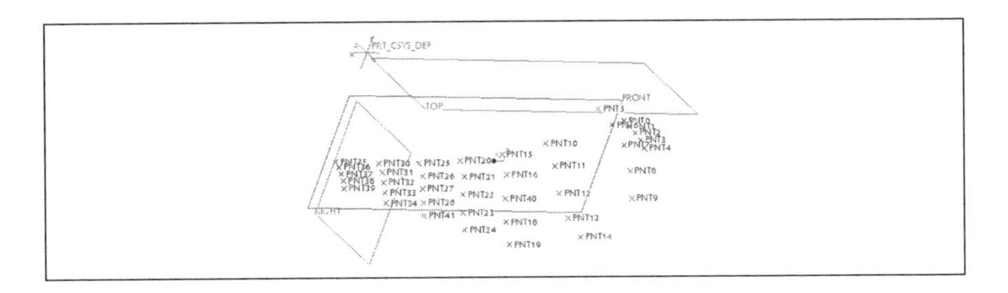

4.2.1 Spiegeln der Punkte

HAUPTARBEITS-FENSTER	mit LMB Punktewolke selektieren → Button *Spiegel-Tool* wird aktiviert
LEISTE DER KONSTRUKTIONS-ELEMENTE	mit LMB Icon *Spiegeln-Tool* wählen → DYNAMISCHE KONSTRUKTIONSWERKZEUG-LEISTE erscheint
HAUPTARBEITS-FENSTER	Mit LMB Bezugsebene „FRONT“ selektieren.
DYNAMISCHE KONSTRUKTIONS-WERKZEUGLEISTE	mit LMB Icon *Bestätigen* wählen → DYNAMISCHE KONSTRUKTIONSWERKZEUG-LEISTE wird geschlossen

4.3 Erzeugen der Splinekurven in erster Richtung

LEISTE DER KONSTRUKTIONS-ELEMENTE	mit LMB Icon *Bezugskurve einfügen* wählen → Fenster **Menü-Manager** öffnet sich
Fenster **Menü-Manager**	Durch Punkte ⇒ Fertig → Fenster **Kurve: Durch Punkte** öffnet sich
Fenster **Kurve: Durch Punkte**	Spline ⇒ Einzelpunkt
HAUPTARBEITSFENSTER	Mit LMB die Punkte selektieren die zu einem Spline gehören.

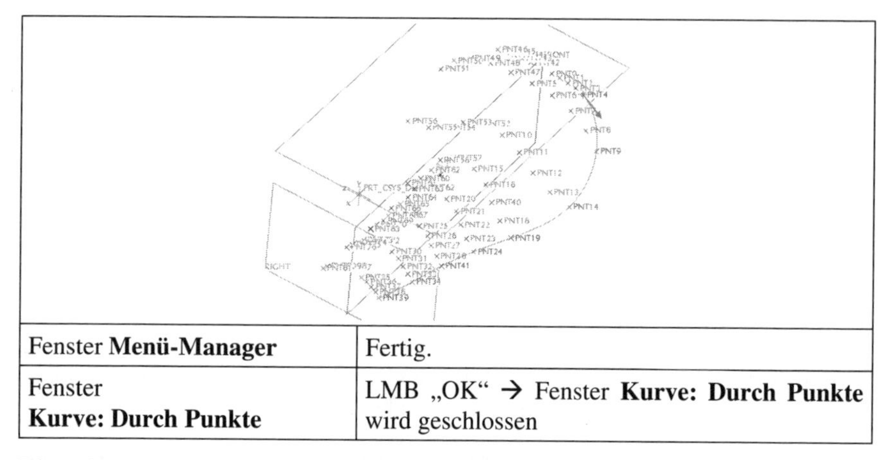

Fenster **Menü-Manager**	Fertig.
Fenster **Kurve: Durch Punkte**	LMB „OK“ → Fenster **Kurve: Durch Punkte** wird geschlossen

Diese Schritte für die nächsten Punktereihen wiederholen (noch 9x)

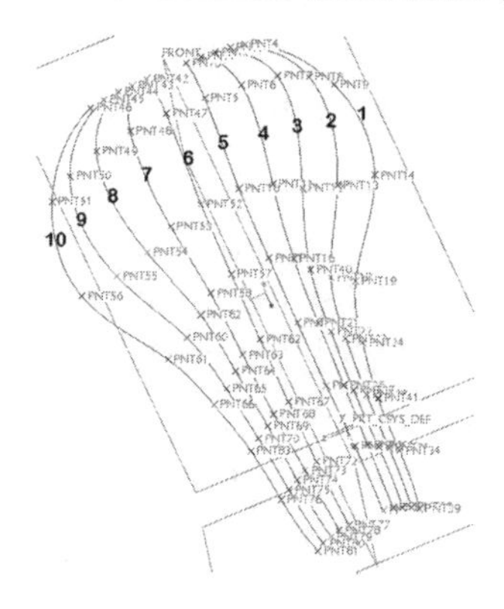

4.3.1 Erzeugen der Splinekurven in zweiter Richtung

LEISTE DER KONSTRUKTIONS-ELEMENTE	mit LMB Icon *Bezugskurve einfügen* [icon] wählen → Fenster **Menü-Manager** öffnet sich
Fenster **Menü-Manager**	Durch Punkte ⇒ Fertig → Fenster **Kurve: Durch Punkte** öffnet sich
Fenster **Kurve: Durch Punkte**	Spline ⇒ Einzelpunkt
HAUPTARBEITSFENSTER	Mit LMB die Punkte selektieren, die zu einem Spline gehören.

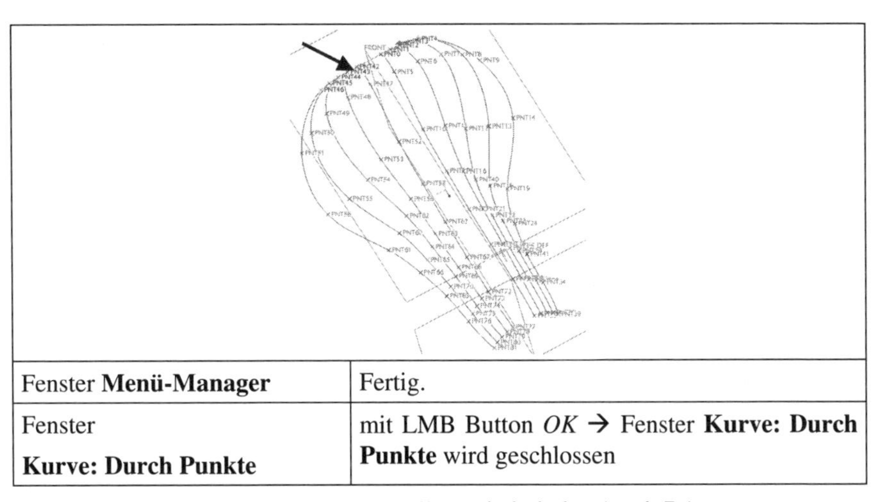

Fenster **Menü-Manager**	Fertig.
Fenster **Kurve: Durch Punkte**	mit LMB Button *OK* → Fenster **Kurve: Durch Punkte** wird geschlossen

Diese Schritte für die nächsten Punktereihen wiederholen (noch 7x).

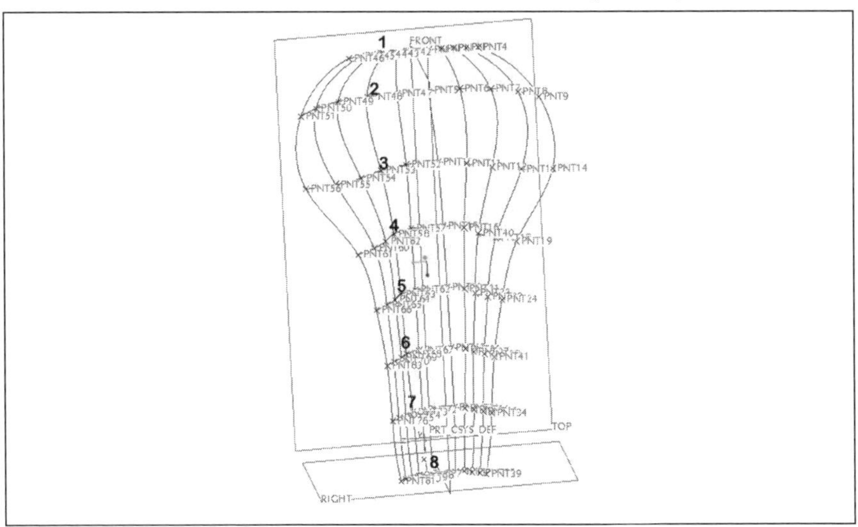

4.4 Erzeugen der B-Spline Fläche

LEISTE DER KONSTRUKTIONS-ELEMENTE	mit LMB Icon *Berandungsverbindungs-Tool* wählen → DYNAMISCHE KONSTRUKTIONSWERKZEUGLEISTE erscheint

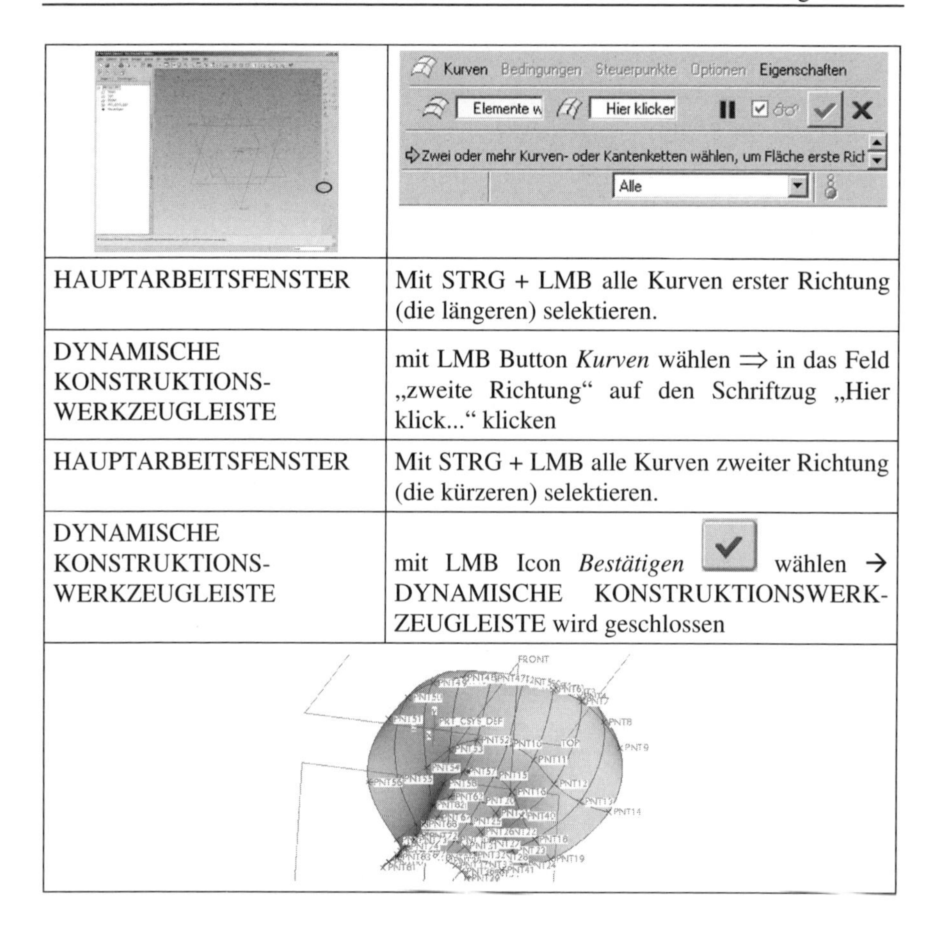

HAUPTARBEITSFENSTER	Mit STRG + LMB alle Kurven erster Richtung (die längeren) selektieren.
DYNAMISCHE KONSTRUKTIONS-WERKZEUGLEISTE	mit LMB Button *Kurven* wählen ⇒ in das Feld „zweite Richtung“ auf den Schriftzug „Hier klick...“ klicken
HAUPTARBEITSFENSTER	Mit STRG + LMB alle Kurven zweiter Richtung (die kürzeren) selektieren.
DYNAMISCHE KONSTRUKTIONS-WERKZEUGLEISTE	mit LMB Icon *Bestätigen* wählen → DYNAMISCHE KONSTRUKTIONSWERK-ZEUGLEISTE wird geschlossen

4.4.1 Punkte und Kurven ausblenden

An diesem Bauteil lässt sich gut erkennen, wie schnell die Übersichtlichkeit des Modells verloren geht. Aus diesem Grund bietet es sich hier an, die Bezugspunkte auf eine separate Folie (Layer, nichtsichtbarer Bereich) zu legen und auszublenden.

Folien werden im Allgemeinen dazu verwendet, erzeugte Konstruktionselemente zu gruppieren. Auf diese Weise werden immer nur die Elemente auf dem Bildschirm dargestellt, die benötigt werden. Pro/ENGINEER erzeugt standardmäßig einige Folien, auf welche Elemente wie Ebenen, Koordinatensysteme, Kurven, Punkte u.s.w. gelegt werden. Welche Folien angelegt werden, ist in der Datei „`config.pro`“ festgehalten. Der Anwender hat die Möglichkeit, eigene Folien anzulegen und beliebige Elemente darauf zu legen.

Ausblenden der Bezugspunkte

SYSTEMLEISTE	mit LMB Icon „Folien“ wählen → im Fenster **Modellbaum / Dateibrowser** wird eine Übersicht der vorhandenen Folien dargestellt
Fenster **Modellbaum / Dateibrowser**	RMB auf Folie „04__PRT_ALL_ DTM_PNT“ (von Pro/ENGINEER automatisch angelegte Folie) ⇒ Folie Ausblenden
SYSTEMLEISTE	mit LMB Icon *Aktuelle Ansicht auffrischen* wählen →Punkte werden ausgeblendet
SYSTEMLEISTE	mit LMB Icon *Folien* wählen → im Fenster **Modellbaum / Dateibrowser** wird wieder der Modellbaum / Dateibrowser dargestellt

Auf die gleiche Weise die Folie „03__PRT_ALL_CURVES“ (von Pro/ENGINEER automatisch angelegte Folie) ausblenden, diese enthält die erstellten Bezugskurven.

Vorgehensweise zum Anlegen einer neuen Folie:

SYSTEMLEISTE	mit LMB Icon *Folien* wählen → im Fenster **Modellbaum / Dateibrowser** wird eine Übersicht der vorhandenen Folien dargestellt
Fenster **Modellbaum / Dateibrowser**	RMB ⇒ Neue Folie → Fenster **Folieneigenschaften** öffnet sich
Fenster **Folieneigenschaften**	Name: <Name der Folie>
HAUPTARBEITSFENSTER	Konstruktionselemente selektieren, die auf Folie gelegt werden sollen.
Fenster **Folieneigenschaften**	mit LMB Button *OK* wählen → Fenster **Folieneigenschaften** wird geschlossen
SYSTEMLEISTE	mit LMB Icon *Folien* wählen → im Fenster **Modellbaum / Dateibrowser** wird wieder der Modellbaum / Dateibrowser dargestellt

4.4.2 Erzeugen der zweiten Sattelfläche

HAUPTARBEITSFENSTER	Mit LMB erste Sattelfläche selektieren.
LEISTE DER KONSTRUKTIONS-ELEMENTE	mit LMB Icon *Versetzen-Tool* wählen→ DYNAMISCHE KONSTRUKTIONSWERK-ZEUGLEISTE erscheint
DYNAMISCHE KONSTRUKTIONSWERK-ZEUGLEISTE	mit LMB Button *Optionen* wählen ⇒ Einstellungen wie im Bild wählen Mit der Option <Manuell einpass> wird die Versatzrichtung durch die Achsen eines Koordinatensystems definiert.
DYNAMISCHE KONSTRUKTIONSWERK-ZEUGLEISTE	Versatz: <5> ⇒ ENTER ⇒ mit LMB Icon *Bestätigen* wählen → DYNAMISCHE KONSTRUKTIONSWERKZEUGL. wird geschlossen

4.4.3 Verbinden der Sattelflächen

LEISTE DER KONSTRUKTIONS-ELEMENTE	mit LMB Icon *Berandungsverbindungs-Tool* wählen → DYNAMISCHE KONSTRUKTIONS-WERKZEUGLEISTE erscheint
HAUPTARBEITS-FENSTER	mit LMB eine Kante der oberen Sattelfläche selektieren ⇒ die restlichen Kanten der oberen Sattelfläche mit Shift+LMB selektieren ⇒ mit STRG+LMB eine Kante der unteren Sattelfläche selektieren ⇒ die restlichen Kanten der unteren Sattelfläche mit Shift+LMB selektieren

Bei der Erzeugung von Berandungsflächen kann es vorkommen, dass Pro/ENGINEER den Kurven / Punkten der ersten Berandung nicht die richtigen Kurven /Punkte der zweiten Berandung zuordnet. Das Ergebnis sieht dann z.B. wie folgt aus.

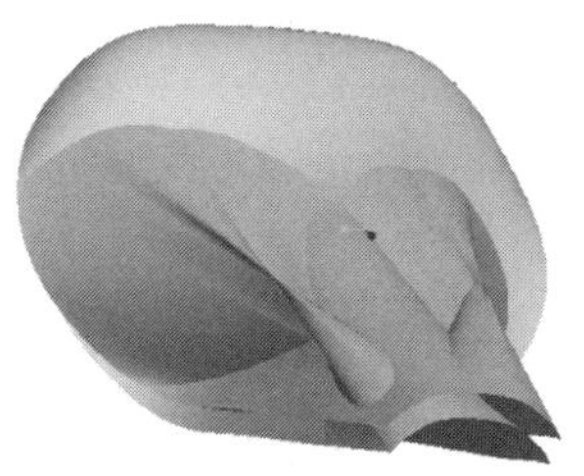

Dies kann behoben werden, indem den Kurvenendpunkten der ersten Berandung die zugehörigen Kurvenendpunkte der zweiten Berandung manuell zugewiesen werden. Sollte die erzeugte Fläche bereits korrekt sein, kann die Erzeugung der Berandungsfläche mit LMB Icon *Bestätigen* abgeschlossen werden. Sollte die Berandungsfläche Fehler aufweisen, können diese wie folgt behoben werden.

<table>
<tr>
<td>DYNAMISCHE KONSTRUKTIONS-WERKZEUGLEISTE
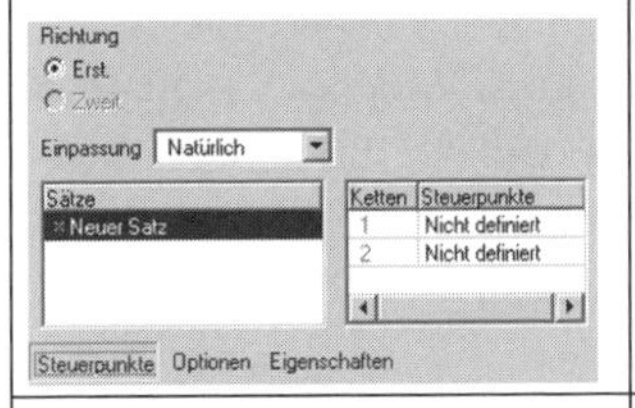

</td>
<td>mit LMB Button Steuerpunkte wählen → Fenster Steuerpunkte klappt auf ⇒ mit LMB ins rechte Feld auf den oberen Schriftzug <Nicht definiert> klicken → im Hauptarbeitsfenster werden die möglichen Punkte farblich hervorgehoben</td>
</tr>
<tr>
<td>HAUPTARBEITS-FENSTER</td>
<td>einen der mit rotem Kreuz markierten Punkte wählen ⇒ den zugehörigen Punkt der zweiten Berandungsfläche wählen (siehe Bild links unten)

Die restlichen Eckpunkte der Berandung überprüfen. Sollten diese wie auf dem Bild rechts unten aussehen müssen ebenfalls Steuerpunkte definiert werden. Dazu im Fenster Steuerpunkte den Schriftzug <Neuer Satz> wählen und im HAUPTARBEITSFENSTER zwei zusammengehörige Punkte wählen. Dies wiederholen, bis alle Ecken sauber verbunden sind (eine schwarze Verbindungslinie).</td>
</tr>
</table>

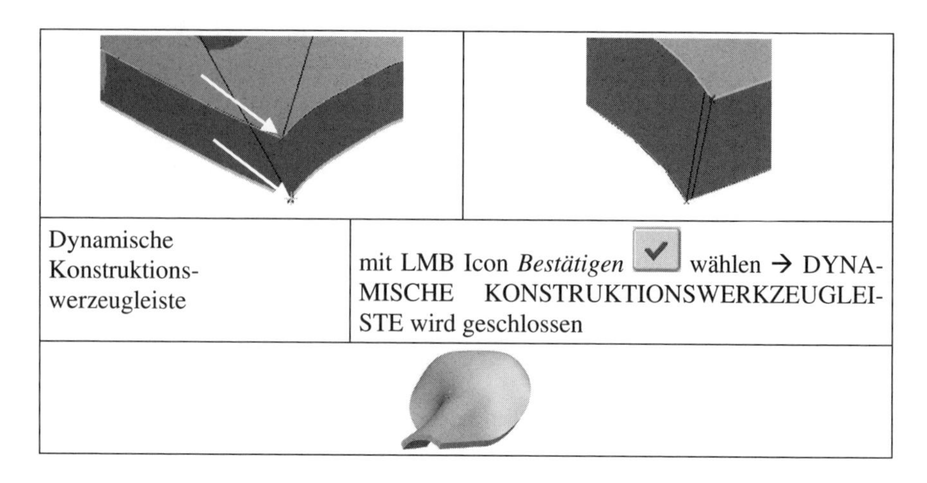

Dynamische Konstruktions-werzeugleiste	mit LMB Icon *Bestätigen* wählen → DYNAMISCHE KONSTRUKTIONSWERKZEUGLEISTE wird geschlossen

4.5 Verschmelzen der einzelnen Flächen

Erste Verschmelzung

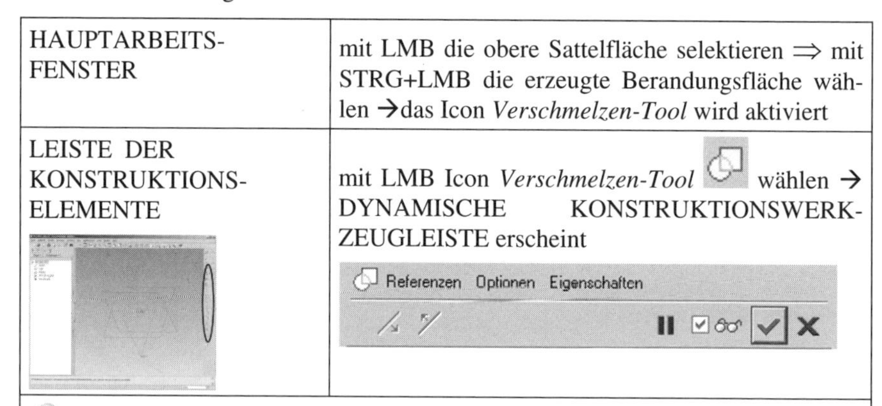

HAUPTARBEITS-FENSTER	mit LMB die obere Sattelfläche selektieren ⇒ mit STRG+LMB die erzeugte Berandungsfläche wählen →das Icon *Verschmelzen-Tool* wird aktiviert
LEISTE DER KONSTRUKTIONS-ELEMENTE	mit LMB Icon *Verschmelzen-Tool* wählen → DYNAMISCHE KONSTRUKTIONSWERKZEUGLEISTE erscheint

Das *Verschmelzen-Tool* wird verwendet, um zwei Sammelflächen durch Schneiden oder Vereinen zu verbinden. Die entstehende Sammelfläche ist eine separate Sammelfläche, die mit den beiden ursprünglichen Sammelflächen deckungsgleich ist. Wenn das *Verschmelzungs-KE* gelöscht wird, bleiben die ursprünglichen Sammelflächen bestehen. Das Verschmelzen dient zur Umwandlung des Flächenmodells in ein Volumenmodell.

DYNAMISCHE KONSTRUKTIONS-WERKZEUGLEISTE	mit LMB Icon *Bestätigen* wählen → DYN. KONSTRUKTIONSWERKZEUGLEISTE wird geschlossen

Zweite Verschmelzung

HAUPARBEITSFENSTER	Mit LMB die untere Sattelfläche selektieren.
Fenster **Modellbaum / Dateibrowser**	mit STRG+LMB die eben erzeugte Sammelfläche [bestehend aus oberer Sattelfläche und neu erzeugter Berandungsfläche] wählen → der Button *Verschmelzen-Tool* wir aktiviert
Die eben erzeugte Sammelfläche kann auch direkt im Hauptarbeitsfenster selektiert werden. Sind viele Flächen im Modell vorhanden, ist die Auswahl über den **Modellbaum** meist übersichtlicher.	
LEISTE DER KONSTRUKTIONS-ELEMENTE	mit LMB Icon *Verschmelzen-Tool* wählen → DYNAMISCHE KONSTRUKTIONSWERKZEUGLEISTE erscheint
DYNAMISCHE KONSTRUKTIONS-WERKZEUGLEISTE	mit LMB Icon *Bestätigen* wählen → DYNAMISCHE KONSTRUKTIONSWERKZEUGLEISTE wird geschlossen

4.6 Umwandeln in Volumenmodell

Fenster **Modellbaum / Dateibrowser**	mit LMB die zweite Sammelfläche wählen → Icon *Verbundvolumen-Tool* wird aktiviert
LEISTE DER KONSTRUKTIONS-ELEMENTE	mit LMB Icon *Verbundvolumen-Tool* wählen → DYNAMISCHE KONSTRUKTIONSWERKZEUGLEISTE erscheint Referenzen Eigenschaften
dynamische KonStruktIons-leiste	mit LMB Icon *Bestätigen* wählen → DYNAMISCHE KONSTRUKTIONSWERKZEUGLEISTE wird geschlossen

4.6.1 Erzeugen der Bohrungen

Erzeugen der ersten Bohrung über Feature „Bohrung“

LEISTE DER KONSTRUKTIONS-ELEMENTE	mit LMB Icon *Bohrungs-Tool* wählen → DYNAMISCHE KONSTRUKTIONSWERK-ZEUGLEISTE erscheint
dynamische Konstruktions-werkzeugleiste	Mit LMB Button *Platzierung* wählen.
HAUPTARBEITS-FENSTER	Mit LMB Ebene „TOP“ selektieren.
DYNAMISCHE KONSTRUKTIONS-WERKZEUGLEISTE	Mit LMB auf Schriftzug <Keine Elemente> im Fenster „HierKlicken, u...“.
HAUPTARBEITS-FENSTER	Mit STRG+LMB Ebene „FRONT“ und Ebene „RIGHT“ selektieren.
DYNAMISCHE KONSTRUKTIONS-WERKZEUGLEISTE	Versatzwert für Ebene „RIGHT“: <85> ⇒ ENTER (ggf. negative Werte verwenden, mit Vorschau prüfen) ⇒ Versatz-Referenztyp für Ebene „FRONT“ auf <Ausrichten> stellen (siehe Bild)
DYNAMISCHE KONSTRUKTIONS-WERKZEUGLEISTE	Bohrungsdurchmesser: <10> ⇒ ENTER ⇒ mit LMB Pfeil anklicken, um Tiefenoption zu wählen ⇒ die Option „Bis zu nächster Fläche bohren“ wählen ⇒ mit LMB Icon *Bestätigen* wählen → DYNAMISCHE KONSTRUKTIONS-WERKZEUGLEISTE wird geschlossen

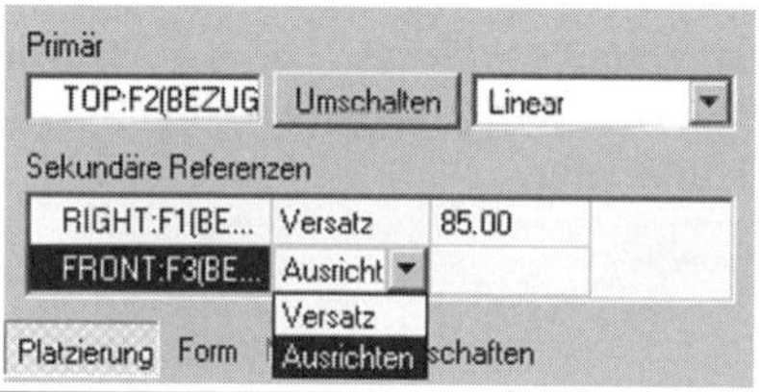

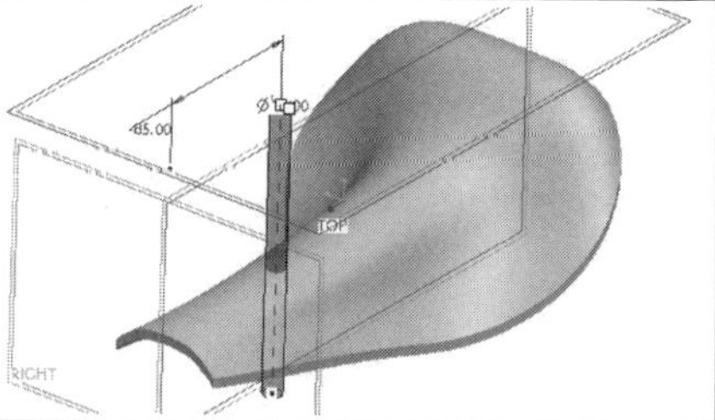

Erzeugen der nächsten Bohrungen als Muster

Hauptarbeits-fenster	Mit LMB eben erzeugte Bohrung selektieren.
LEISTE DER KONSTRUKTIONS-ELEMENTE	mit LMB Button *Mustern-Tool*  wählen → DYNAMISCHE KONSTRUKTIONSWERK-ZEUGLEISTE erscheint
DYNAMISCHE KONSTRUKTIONS-WERKZEUGLEISTE	Mit LMB Button *Bemaßung* wählen.
HAUPTARBEITS-FENSTER	Mit LMB die Bemaßung <85.00> selektieren.
DYNAMISCHE KONSTRUKTIONS-WERKZEUGLEISTE 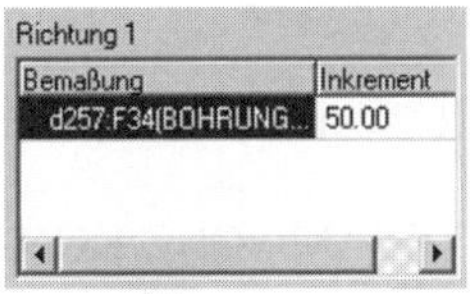 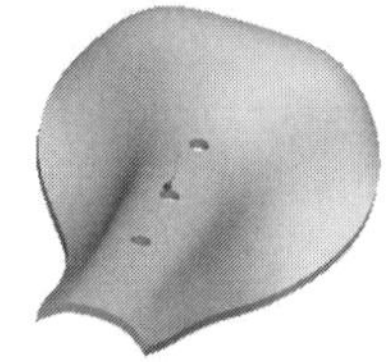	Inkrement: <50> ⇒ ENTER Inkrement gibt an, wie weit die gemusterten KEs in Richtung der gewählten versetzt werden im Eingabefenster „Anzahl der Mustermitglieder in erster Richtung angeben" <3> ⇒ ENTER 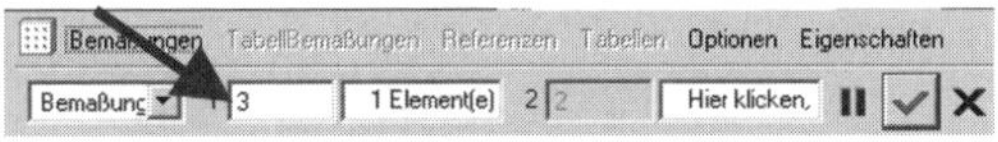 mit LMB Icon *Bestätigen* wählen → DYNA-MISCHE KONSTRUKTIONSWERKZEUG-LEISTE wird geschlossen

4.6.2 Erzeugen der Rundungen

Erzeugen der ersten Rundungen

LEISTE DER KONSTRUKTIONS-ELEMENTE	mit LMB Icon *Rundungs-Tool* → DYN. KONSTRUKTIONSW. erscheint
HAUPTARBEITS-FENSTER	Mit STRG+LMB die Kanten an der Spitze des Sattels wählen. 

DYNAMISCHE KONSTRUKTIONS-WERKZEUGLEISTE	Radiuswert <10> ⇒ ENTER ⇒ mit LMB Icon *Bestätigen* wählen → DYNAMISCHE KONSTRUKTIONSWERKZEUGLEISTE wird geschlossen

Erzeugen der zweiten Rundungen

LEISTE DER KONSTRUKTIONS-ELEMENTE	mit LMB Icon *Rundungs-Tool* → DYNAMISCHE KONSTRUKTIONSWERKZEUGLEISTE erscheint
HAUPTARBEITS-FENSTER	Mit STRG+LMB die Kanten am Ende des Sattels wählen.
dynamische Konstruktions-werkzeugleiste	Radiuswert <40> ⇒ ENTER ⇒ mit LMB Icon *Bestätigen* wählen → DYNAMISCHE KONSTRUKTIONSWERKZEUGLEISTE wird geschlossen

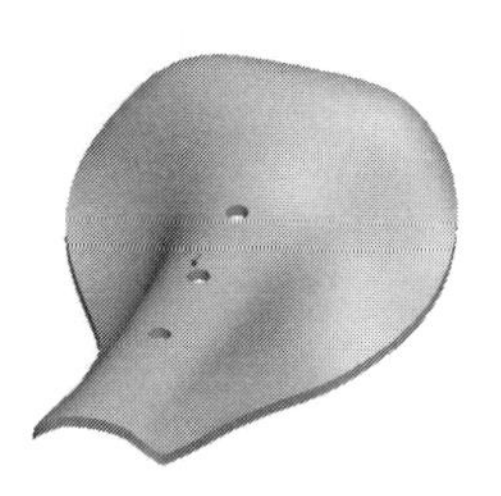

4.6.3 Sattel speichern

MENUELEISTE	Datei ⇒ Speichern	LMB ⇒

5 Übung 4: Freischwinger

- Modellieren des Rahmens
- Modellieren des Sitzkissens
- Modellieren der Lehne
- Zusammenbau

5.1 Modellieren des Rahmens

- Erzeugen der ersten Rahmenhälfte
- Erzeugen der Lehnenaufnahme
- Spiegeln von Rahmen und Lehnenaufnahme
- Erzeugen der Berandungsfläche
- Verschmelzen der einzelnen Flächen
- Aufdicken
- Erzeugen der Bohrungen für die Rückenlehne

5.1.1 Neue Datei erzeugen

Erzeugen eines neuen Bauteils; Name <rahmen>

5.1.2 Erzeugen der ersten Rahmenhälfte

Erzeugen der ersten Leitkurve

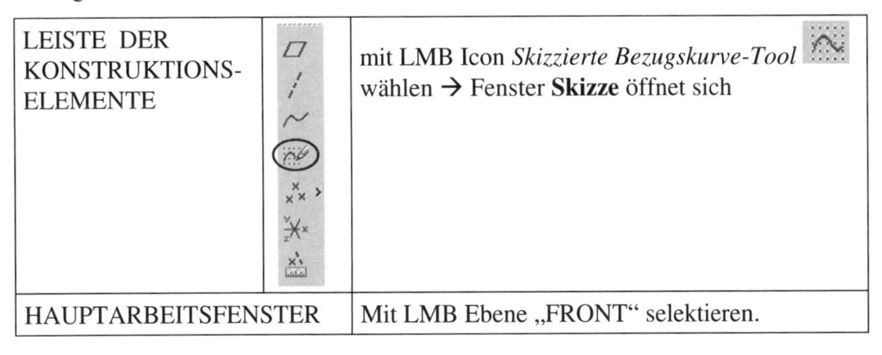

LEISTE DER KONSTRUKTIONS-ELEMENTE		mit LMB Icon *Skizzierte Bezugskurve-Tool* wählen → Fenster **Skizze** öffnet sich
HAUPTARBEITSFENSTER		Mit LMB Ebene „FRONT“ selektieren.

Fenster **Referenzen**	mit LMB Button *Schließen* wählen → Dialogfenster **Referenzen** wird geschlossen → Dialogfenster **Auswahl** wird geschlossen
SKIZZIERWERKZEUG-LEISTE	Skizzierwerkzeuge *Linie erzeugen* und *Kreisförmige Verrundung zwischen 2 Elementen erzeugen* verwenden
HAUPTARBEITSFENSTER	Eine Kontur entsprechend Skizze erzeugen.
SKIZZIERWERKZEUG-LEISTE	zum Fertigstellen → mit LMB Icon *Aktuellen Schnitt fortsetzen* wählen → Skizzieransicht wird im Hauptarbeitsfenster geschlossen

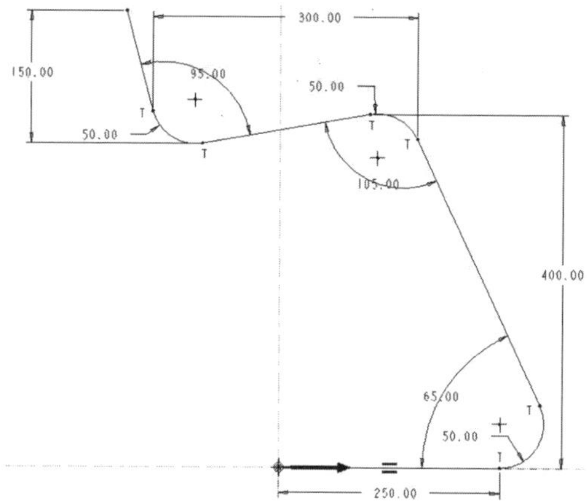

Erzeugen der zweiten Leitkurve

LEISTE DER KONSTRUKTIONS-ELEMENTE	mit LMB Icon *Skizzierte Bezugskurve-Tool* wählen → Fenster **Skizze** öffnet sich
HAUPTARBEITS-FENSTER	Mit LMB Ebene „RIGHT" selektieren.
Fenster **Referenzen**	mit LMB Button *Schließen* wählen → Dialogfenster **Referenzen** wird geschlossen → Dialogfenster **Auswahl** wird geschlossen

SKIZZIERWERKZEUG-LEISTE	Skizzierwerkzeuge *Linie erzeugen* und *Kreisförmige Verrundung zwischen 2 Elementen erzeugen* verwenden
HAUPTARBEITS-FENSTER	Eine Kontur entsprechend Skizze erzeugen.
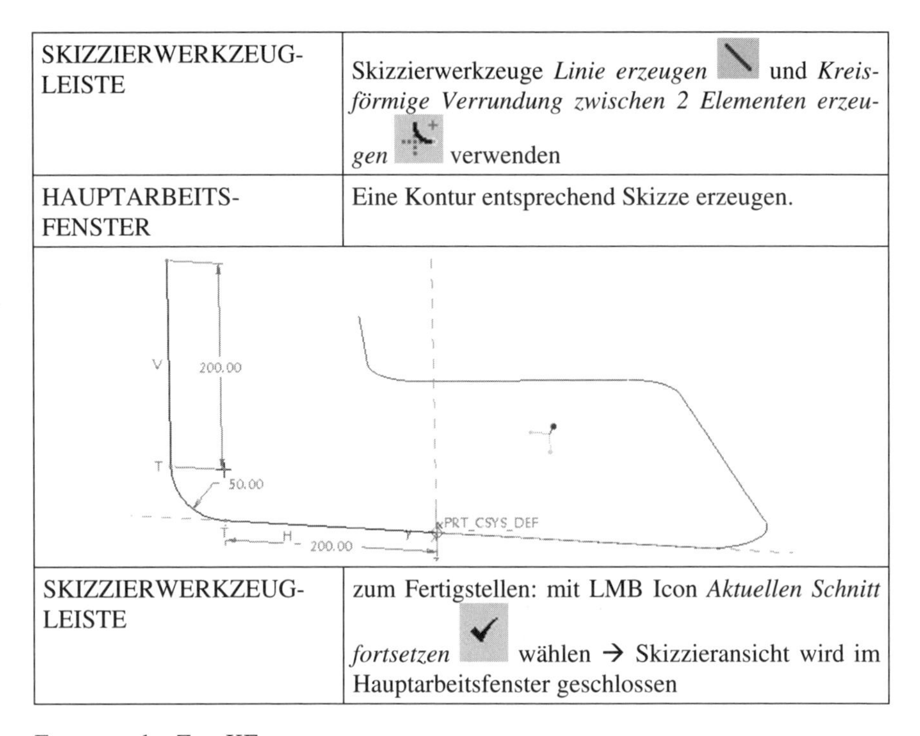	
SKIZZIERWERKZEUG-LEISTE	zum Fertigstellen: mit LMB Icon *Aktuellen Schnitt fortsetzen* wählen → Skizzieransicht wird im Hauptarbeitsfenster geschlossen

Erzeugen des Zug-KEs

LEISTE DER KONSTRUKTIONS-ELEMENTE	mit LMB Icon *Tool für Zug-KE mit variablem Schnitt* wählen → DYNAMISCHE KONSTRUKTIONSWERKZEUGLEISTE erscheint Referenzen Optionen Eigenschaften Sammelfläche Keine Elemente Beliebig viele Ketten als Leitkurven für Zug-KE wählen. Alle
HAUPTARBEITS-FENSTER	mit LMB erste Leitkurven selektieren ⟹ zweite Leitkurve mit SHIFT+LMB selektieren
dynamische Konstruktions-leiste	mit LMB Icon „Schnitt erzeugen" wählen → Skizzieransicht wird geöffnet
HAUPTARBEITS-FENSTER	Querschnitt zeichnen ⟹ Querschnitt bemaßen

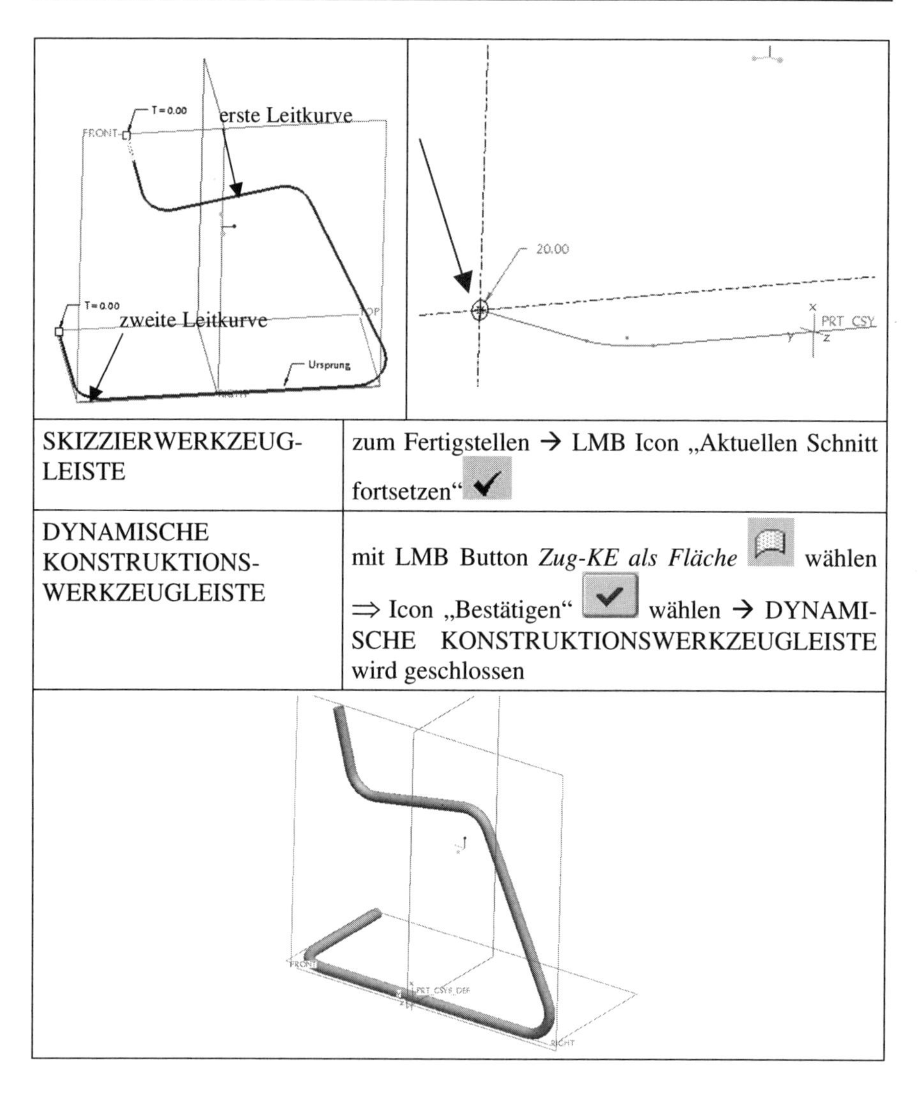

SKIZZIERWERKZEUG-LEISTE	zum Fertigstellen → LMB Icon „Aktuellen Schnitt fortsetzen“
DYNAMISCHE KONSTRUKTIONS-WERKZEUGLEISTE	mit LMB Button *Zug-KE als Fläche* wählen ⇒ Icon „Bestätigen“ wählen → DYNAMISCHE KONSTRUKTIONSWERKZEUGLEISTE wird geschlossen

5.1.3 Erzeugen der Lehnenaufnahme

Erzeugen der ersten Bezugsebene

LEISTE DER KONSTRUKTIONS-ELEMENTE	mit LMB Icon *Bezugebenen-Tool* wählen → Fenster **Bezugsebene** erscheint

HAUPTARBEITS-FENSTER	Mit LMB am oberen Ende des Rahmens einen der Halbkreise selektieren.
Dialogfenster **Bezugsebene**	mit LMB Button *OK* wählen → Dialogfenster **Bezugsebene** wird geschlossen

Erzeugen der zweiten Bezugsebene

LEISTE DER KONSTRUKTIONSELEMENTE	mit LMB Icon *Bezugebenen-Tool* wählen → Fenster **Bezugsebene** erscheint
HAUPTARBEITSFENSTER	Mit LMB zuvor erzeugte Bezugsebene [DTM1] selektieren.
Dialogfenster **Bezugsebene**	im Eingabefeld „Versatz / Verschiebung" <50> ⇒ ENTER ⇒ überprüfen, ob Versatz in richtige Richtung erfolgt (50mm oberhalb des Rohrendes) ⇒ falls nicht, dann Richtung durch Eingabe eines negativen Versatzwertes [<-50>] umkehren ⇒ Button *OK* wählen → Dialogfenster **Bezugsebene** wird geschlossen

Erzeugen der Lehnenaufnahme

LEISTE DER KONSTRUKTIONS-ELEMENTE	mit LMB Icon *Extrudieren-Tool* wählen → DYNAMISCHE KONSTRUKTIONSWERKZEUGLEISTE erscheint
DYNAMISCHE KONSTRUKTIONS-WERZEUGLEISTE	mit LMB Button *Platzierung* ⇒ Button *Definieren* wählen → Dialogfenster **Schnitt** erscheint
HAUPTARBEITSFENSTER	Ebene „DTM2" selektieren ⇒ Ebene „FRONT"

	selektieren
Fenster **Schnitt**	mit LMB Button *Umschalten* wählen ⇒ mit LMB Button *Skizze* wählen → Fenster **Referenzen** erscheint
HAUPTARBEITSFENSTER	mit LMB Halbkreis des Rahmens selektieren (siehe Bild) ⇒ mit LMB Ebene „FRONT" selektieren ⇒ mit LMB Koordinatensystem selektieren
Die erzeugte Bezugsebene „DTM2" liegt schräg im Raum, deshalb kann Pro/ENGINEER die Referenzen nicht selbstständig bestimmen → Referenzen müssen vom Nutzer angegeben werden	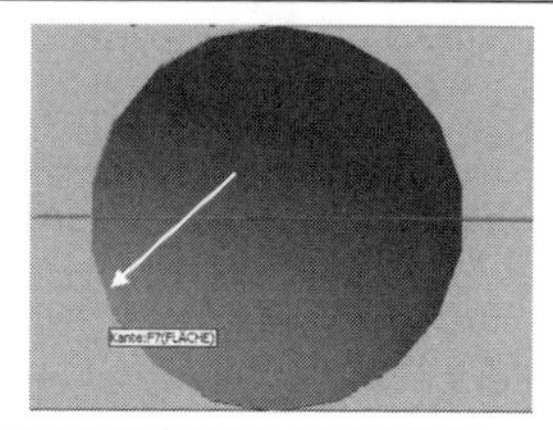
Fenster **Referenzen**	mit LMB Button *Schließen* wählen → Fenster **Referenzen** wird geschlossen
SKIZZIER-WERKZEUGLEISTE	Mit LMB Icon *Punkte erzeugen* wählen.
HAUPTARBEITSFENSTER	Bezugspunkt im Schnittpunkt von Ebene „FRONT" und Halbkreis einfügen ⇒ Rechteck grob zeichnen

HAUPTARBEITSFENSTER	Rechteck bemaßen [siehe Skizze]. 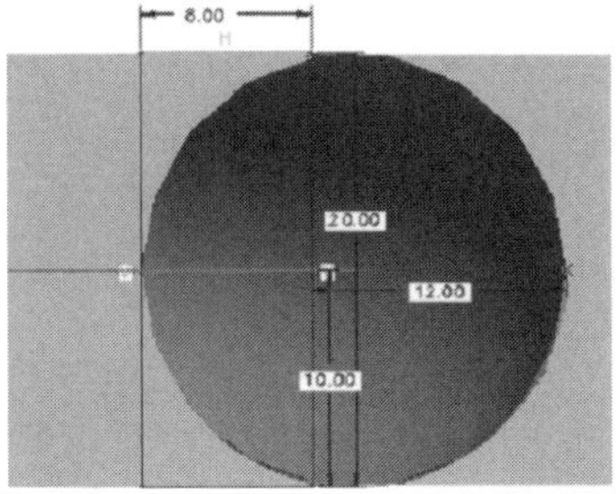
SKIZZIER-WERKZEUGLEISTE 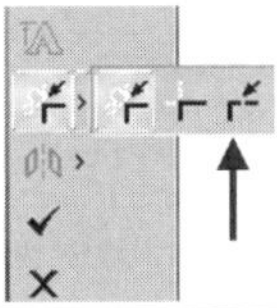	kurze Rechteckseiten aufteilen (ist für die später zu erzeugende Berandung erforderlich) ⇒ mit LMB Button *Element am Auswahlpunkt aufteilen* wählen
HAUPTARBEITSFENSTER	Mit LMB einen Aufteilpunkt in die Mitte jeder langen Rechteckseite setzen. 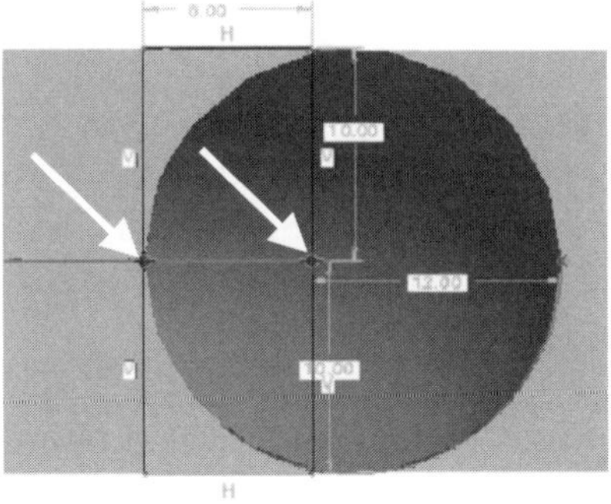
dynamische Konstruktions-werkzeugleiste	mit LMB Icon *Profilkörper als Fläche* wählen ⇒ mit LMB Button *Optionen* wählen ⇒ Option „geschloss. Enden“ aktivieren ⇒ Eingabefenster Wert: <50> ⇒ ENTER ⇒ mit LMB Icon *Bestätigen* wählen → DYNAMISCHE KONSTRUKTIONSWERKZEUGLEISTE wird geschlossen

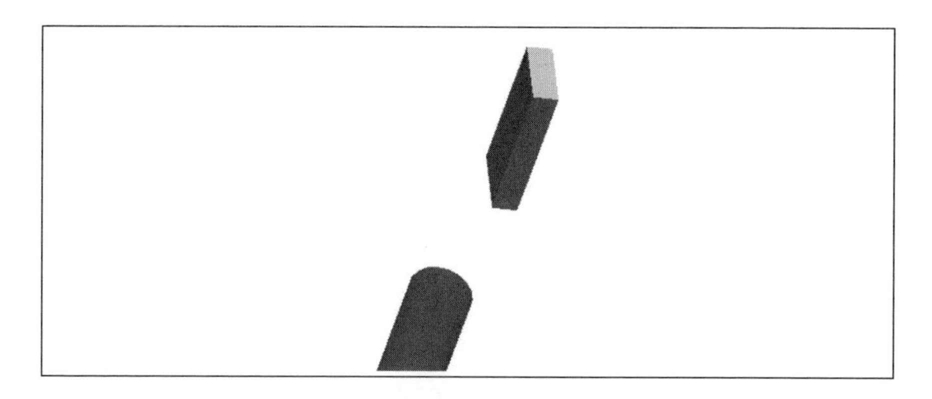

5.1.4 Spiegeln von Rahmen und Lehnenaufnahme

Erzeugen einer Bezugsebene

LEISTE DER KONSTRUKTIONS-ELEMENTE	mit LMB Icon *Bezugebenen-Tool* wählen → Fenster **Bezugsebene** erscheint
HAUPTARBEITS-FENSTER	Am unteren Ende des Rahmens einen der Halbkreise selektieren.
Dialogfenster **Bezugsebene**	mit LMB Button *OK* wählen → Dialogfenster **Bezugsebene** wird geschlossen

Kopieren der Stuhlhälften

HAUPTARBEITSFENSTER	Mit LMB Lehnenaufnahme und Rahmen selektieren.
LEISTE DER KONSTRUKTIONS-ELEMENTE	mit LMB Icon *Spiegeln-Tool* wählen → DYNAMISCHE KONSTRUKTIONSWERKZEUG-LEISTE erscheint
HAUPTARBEITSFENSTER	mit LMB eben erzeugte Bezugsebene selektieren

dynamische Konstruktions-werkzeugleiste	mit LMB Icon *Bestätigen* wählen → DYNAMISCHE KONSTRUKTIONSWERKZEUG-LEISTE wird geschlossen
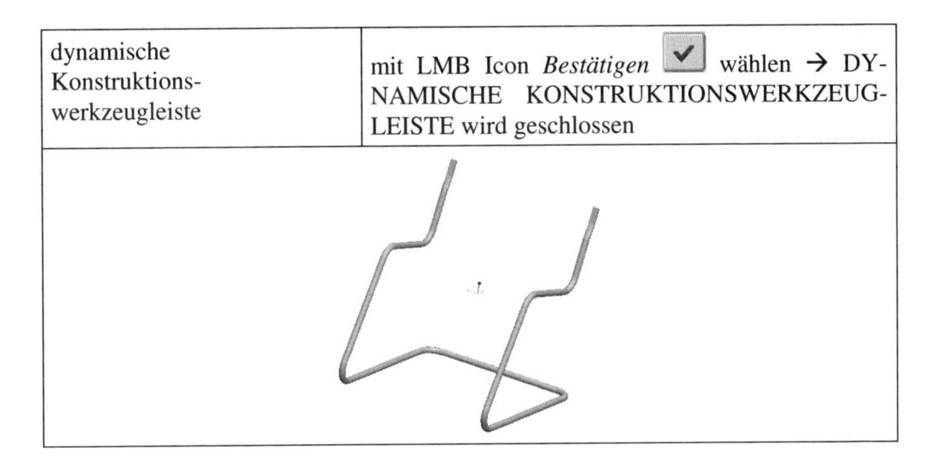	

5.1.5 Erzeugen der Berandungsfläche

Erzeugen der ersten Berandung

LEISTE DER KONSTRUKTIONS-ELEMENTE	Mit LMB Icon *Berandungsverbindungs-Tool* wählen.
HAUPTARBEITFENSTER 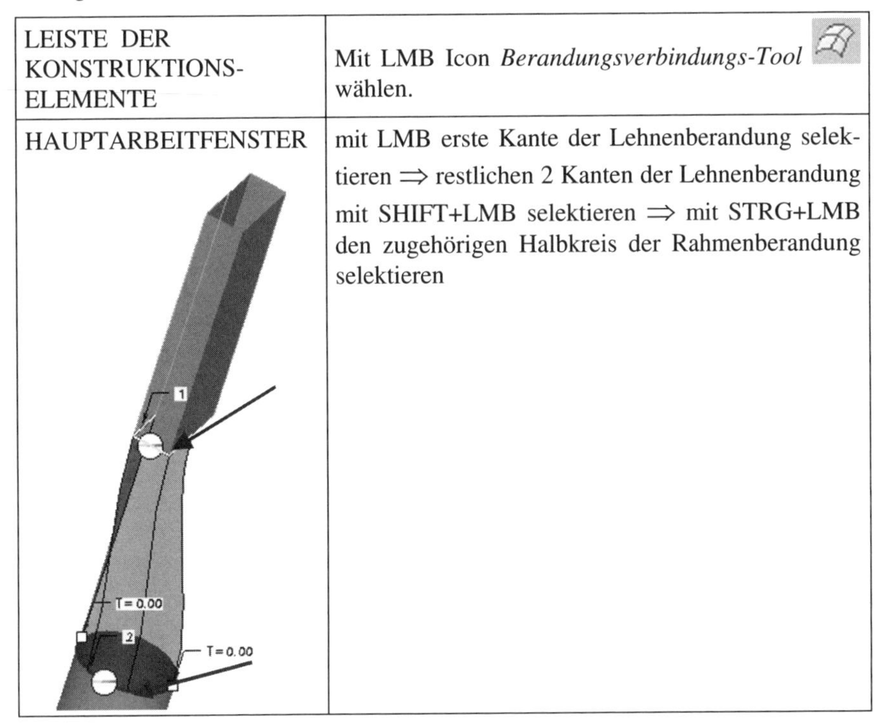	mit LMB erste Kante der Lehnenberandung selektieren ⇒ restlichen 2 Kanten der Lehnenberandung mit SHIFT+LMB selektieren ⇒ mit STRG+LMB den zugehörigen Halbkreis der Rahmenberandung selektieren

Dynamische Konstruktions-werkzeugleiste	mit LMB Button *Bedingungen* wählen ⇒ Berandungsbedingungen für beide Berandungsketten auf <Tangential> setzen 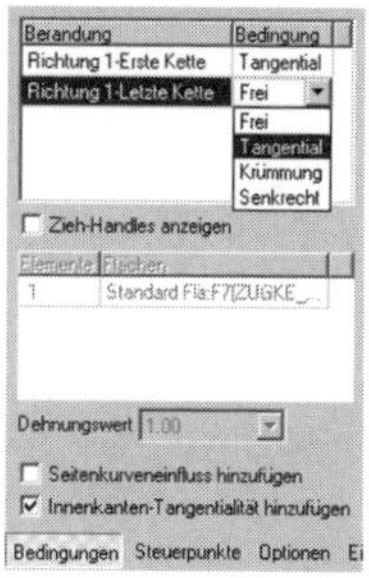 mit LMB Icon *Bestätigen*  wählen → DYNAMISCHE KONSTRUKTIONSWERKZEUGLEISTE wird geschlossen

Erzeugen der zweiten Berandung

LEISTE DER KONSTRUKTIONS-ELEMENTE	Mit LMB Icon *Berandungsverbindungs-Tool*  wählen.
HAUPTARBEITFENSTER 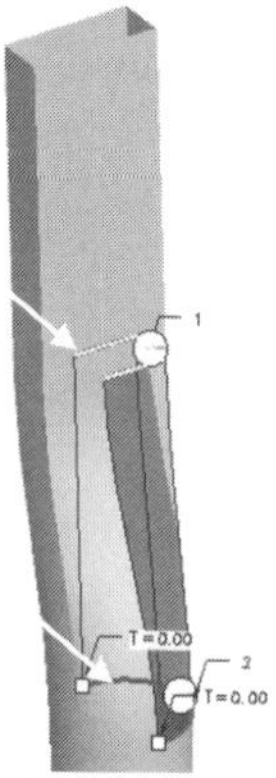	mit LMB eine der noch freien kurzen Kanten der Lehnenberandung selektieren ⇒ restliche 2 Kanten der Lehnenberandung mit SHIFT+LMB selektieren ⇒ mit STRG+LMB den zugehörigen Halbkreis der Rahmenberandung selektieren
DYNAMISCHE KONSTRUKTIONS-WERZEUGLEISTE	mit LMB Button *Bedingungen* wählen ⇒ Berandungsbedingungen für beide Berandungsketten auf <Tangential> setzen

DYNAMISCHE KONSTRUKTIONS-WERKZEUGLEISTE	mit LMB Icon *Bestätigen* wählen → DYNAMISCHE KONSTRUKTIONSW. wird geschlossen

Analoge Vorgehensweise auf der anderen Stuhlseite.

5.1.6 Verschmelzen der einzelnen Flächen

erste Verschmelzung

Hauptarbeits-fenster	mit LMB Lehnenaufnahme selektieren ⇒ mit STRG+LMB eine Berandungsflächen selektieren
LEISTE DER KONSTRUKTIONS-ELEMENTE	mit LMB Icon *Verschmelzen-Tool* wählen → DYNAMISCHE KONSTRUKTIONSWERK-ZEUGLEISTE erscheint
DYNAMISCHE KONSTRUKTIONS-WERZEUGLEISTE	mit LMB Icon *Bestätigen* wählen → DYNAMISCHE KONSTRUKTIONSWERKZEUG-LEISTE wird geschlossen

zweite Verschmelzung

Fenster **Modellbaum / Dateibrowser**	Zuletzt erzeugte Verschmelzung aus dem Modellbaum selektieren.
HAUPTARBEITS-FENSTER	Mit LMB zweite Berandungsfläche selektieren.

LEISTE DER KONSTRUKTIONS-ELEMENTE	mit LMB Button *Verschmelzen-Tool* wählen → DYNAMISCHE KONSTRUKTIONSWERK-ZEUGLEISTE erscheint
DYNAMISCHE KONSTRUKTIONS-WERZEUGLEISTE	mit LMB Icon *Bestätigen* wählen → DYNA-MISCHE KONSTRUKTIONSWERKZEUGLEI-STE wird geschlossen

Restliche Verschmelzungen

Die restlichen Verschmelzungen werden analog zur zweiten Verschmelzung erzeugt. Eine der beiden Flächen stellt immer die im vorhergehenden Schritt erzeugte Verschmelzung dar, zu dieser Sammelfläche wird die nächste anliegende Fläche selektiert. Mit dieser Vorgehensweise „hangelt" man sich durch das gesamte Modell, bis alle Flächen miteinander verschmolzen sind.

Die folgende Tabelle zeigt die jeweils für die Verschmelzungen zu wählende zweite Fläche (dunkel). Die erste zu wählende Fläche ist jeweils die vorhergehende Verschmelzung aus dem Modellbaum.

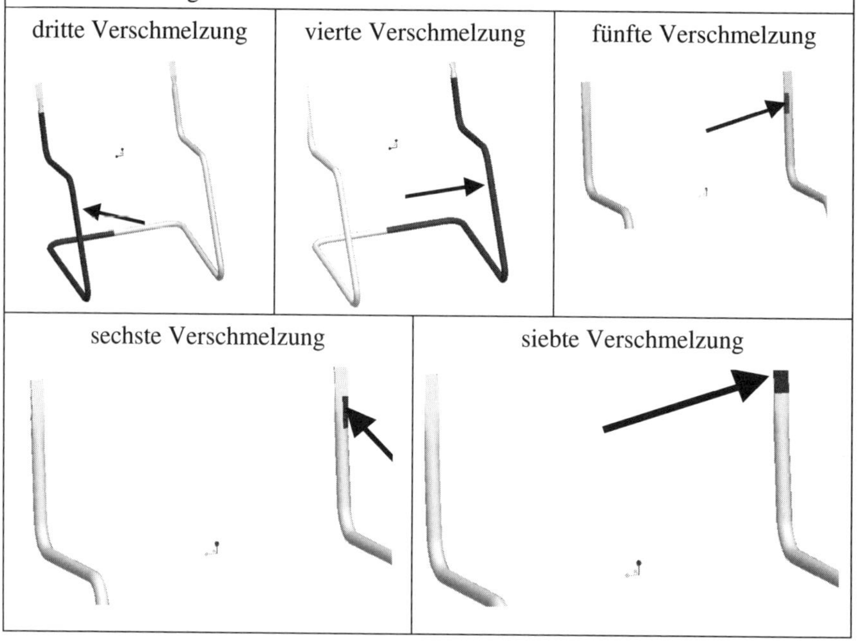

5.1.7 Erzeugen des Volumenkörpers

Aufdicken der Fläche

Fenster **Modellbaum / Dateibrowser**	Mit LMB letzte Verschmelzung selektieren.
LEISTE DER KONSTRUKTIONS-ELEMENTE	mit LMB Icon *Aufdicken-Tool* wählen → DYNAMISCHE KONSTRUKTIONSWERKZEUG-LEISTE erscheint Referenzen Optionen Eigenschaften 9.99 Materialdicke
DYNAMISCHE KONSTRUKTIONS-WERKZEUGLEISTE	Materialdicke: <2> ⇒ ENTER
Das Material soll auf der Innenseite der Fläche hinzugefügt werden. Sollte Pro/ENGINEER das Material auf der Außenseite hinzufügen, kann die Richtung über den Button *Richtung der resultierenden Geometrie umkehren* gewechselt werden.	
	mit LMB Icon *Bestätigen* wählen → DYNAMISCHE KONSTRUKTIONSWERKZEUG-LEISTE wird geschlossen

5.1.8 Erzeugen der Bohrungen für die Rückenlehne

Erzeugen der ersten Bohrung

LEISTE DER KONSTRUKTIONS-ELEMENTE	mit LMB Icon *Bohrungs-Tool* wählen → DYN. KONSTRUKTIONSW. erscheint

HAUPTARBEITSFENSTER	Frontfläche der Lehnenaufnahme selektieren [ob linke oder rechte Seite des Rahmens, ist egal]. 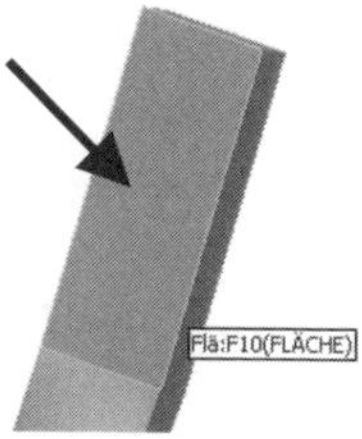
dynamische Konstruktions-werkzeugleiste	mit LMB Button *Platzierung* wählen $\Rightarrow$ mit LMB auf Schriftzug <Hier klicken, u...> im Fenster sekundäre Referenzen klicken
HAUPTARBEITSFENSTER	Mit STRG+LMB eine kurze und eine lange Seitenfläche der Lehnenaufnahme selektieren. 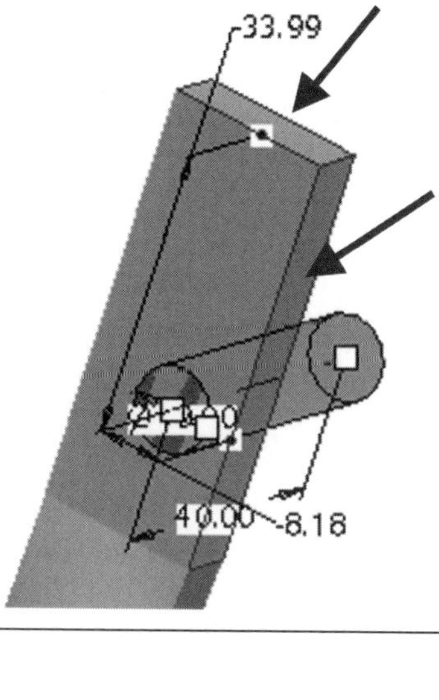

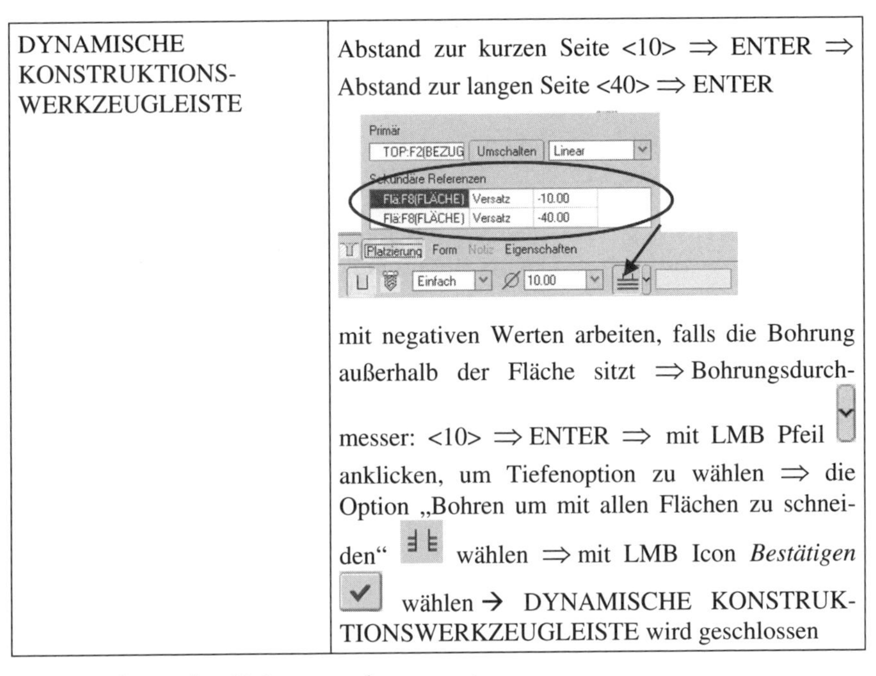

DYNAMISCHE KONSTRUKTIONS-WERKZEUGLEISTE	Abstand zur kurzen Seite <10> ⇒ ENTER ⇒ Abstand zur langen Seite <40> ⇒ ENTER mit negativen Werten arbeiten, falls die Bohrung außerhalb der Fläche sitzt ⇒ Bohrungsdurchmesser: <10> ⇒ ENTER ⇒ mit LMB Pfeil anklicken, um Tiefenoption zu wählen ⇒ die Option „Bohren um mit allen Flächen zu schneiden“ wählen ⇒ mit LMB Icon *Bestätigen* wählen → DYNAMISCHE KONSTRUKTIONSWERKZEUGLEISTE wird geschlossen

Erzeugen der zweiten Bohrung analog zur ersten.

5.1.9 Rahmen speichern

MENUELEISTE	DATEI ⇒ Speichern	LMB ⇒

5.2 Modellieren des Sitzkissens

- Eingeben der Punkte und Erzeugen der Spline-Kurven
- Spiegeln der Spline-Kurven
- Erzeugen der Kurve für die vordere Sitzkante
- Erzeugen der B-Spline Fläche
- Erzeugen der zweiten Sitzkissenfläche
- Verschmelzen der einzelnen Flächen
- Umwandlung in ein Volumenmodell

5.2.1 Neues Bauteil

Erzeugen eines neuen Bauteils; Name <sitzkissen>

5.2.2 Punkte erzeugen

LEISTE DER KONSTRUKTIONS-ELEMENTE	mit LMB Button *Versatzkoordinatensystem-Bezugspunkt-Tool* wählen → Fenster **Versatz-KSys-Bezugspunkt** erscheint
HAUPTARBEITSFENSTER	Mit LMB Koordinatensystem selektieren.
Fenster **Versatz-KSys-Bezugspunkt**	in erste leere Zelle klicken X-Wert, Y-Wert und Z-Wert entsprechend Tabelle eingeben ⇒ um einen neuen Punkt hinzufügen in erste freie Zelle der nächsten Zeile klicken ⇒ alle Punkte der folgenden Übersicht hinzufügen

x	y	z		x	y	z
30	0	475		70	-5	25
20	-2	470		75	-2	-20
15	-5	425		80	0	-25
25	-15	325		130	0	475
35	-10	225		127	-2	470
25	-15	125		125	-5	425
15	-5	25		126	-15	325
20	-2	-20		127	-10	225
30	0	-25		126	-15	125
80	0	475		125	-5	25
75	-2	470		127	-2	-20
70	-5	425		130	0	-25
74	-15	325				
76	-10	225				
74	-15	125				

Fenster **Versatz-KSys-Bezugspunkt**	mit LMB Button *OK* wählen → Fenster **Versatz-Ksys-Bezugspunkt** wird geschlossen → Punkte werden erzeugt

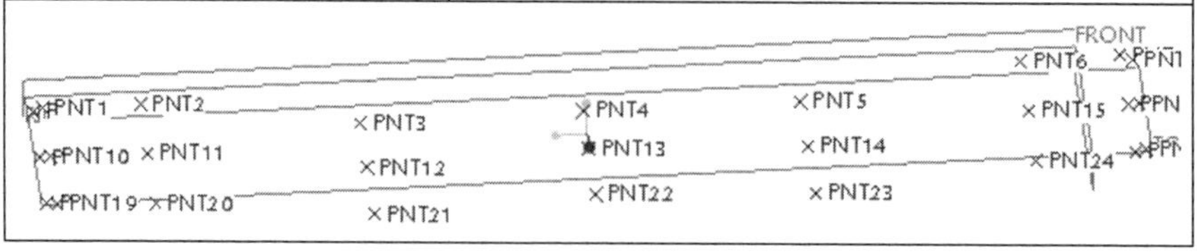

5.2.3 Erzeugen der Splinekurven

LEISTE DER KONSTRUKTIONS-ELEMENTE	mit LMB Icon *Bezugskurve einfügen* wählen → Fenster **Menü-Manager** öffnet sich
Fenster **Menü-Manager**	Durch Punkte ⇒ Fertig → Fenster **Kurve: Durch Punkte** öffnet sich
Fenster **Kurve: Durch Punkte**	Spline ⇒ Einzelpunkt
HAUPTARBEITSFENSTER	Mit LMB die Punkte selektieren, die zu einem Spline gehören.
Fenster **Menü-Manager**	Fertig.
Fenster **Kurve: Durch Punkte**	mit LMB Button *OK* → Fenster **Kurve: Durch Punkte** wird geschlossen

Diese Schritte für die nächsten Punktereihen wiederholen (noch 2x).

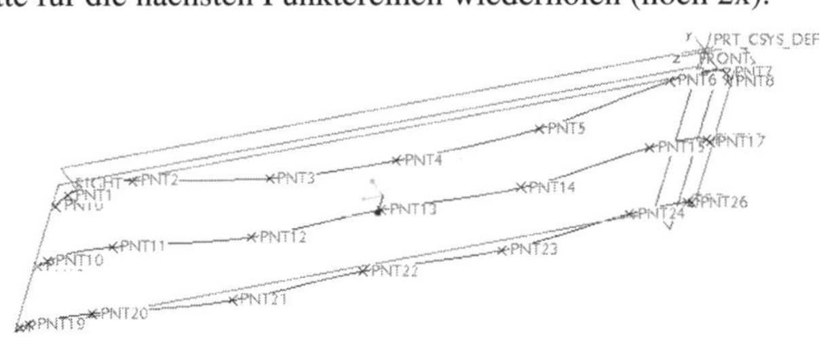

5.2.4 Spiegeln der Splinekurven

Erzeugen der Bezugsebene

SYSTEMLEISTE	mit LMB Icon *Bezugsebenen-Tool wählen* → Fenster **Bezugsebene** erscheint
HAUPTARBEITSFENSTER	Mit LMB Ebene „RIGHT“selektieren.

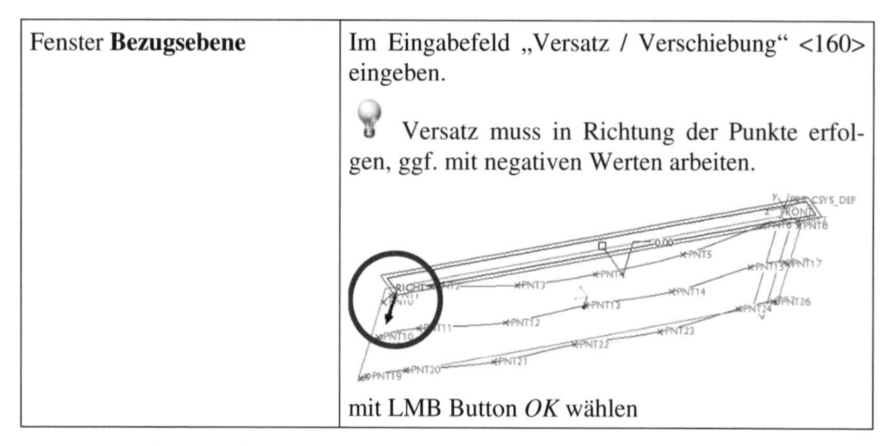

Fenster **Bezugsebene**	Im Eingabefeld „Versatz / Verschiebung“ <160> eingeben. Versatz muss in Richtung der Punkte erfolgen, ggf. mit negativen Werten arbeiten. mit LMB Button *OK* wählen

Spiegeln der Spline-Kurven

Hauptarbeitsfenster	Eben erzeugte Spline-Kurven selektieren.
LEISTE DER KONSTRUKTIONSELEMENTE	Mit LMB Icon *Spiegeln-Tool* wählen.
HAUPTARBEITSFENSTER	Neu erzeugte Bezugsebene [DTM1] selektieren.
DYNAMISCHE KONSTRUKTIONS-WERKZEUGLEISTE	mit LMB Icon *Bestätigen* wählen → DYN. KONSTRUKTIONSW. wird geschlossen

5.2.5 Erzeugen der Kurve für die vordere Sitzkante

Erzeugen der Punkte

LEISTE DER KONSTRUKTIONS-ELEMENTE	mit LMB Button *Versatzkoordinatensystem-Bezugspunkt-Tool* wählen → Fenster **Versatz-KSys-Bezugspunkt** erscheint
HAUPTARBEITSFENSTER	Mit LMB Koordinatensystem selektieren.

Fenster **Versatz-KSys-Bezugspunkt**	vier neue Bezugspunkte erzeugen (Koordinaten siehe Bild) ⇒ mit LMB Button *OK* wählen → Fenster **Versatz-Ksys-Bezugspunkt** wird geschlossen → Punkte werden erzeugt

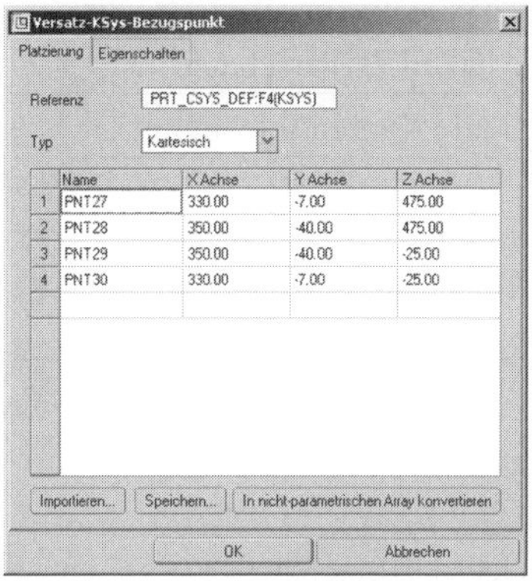

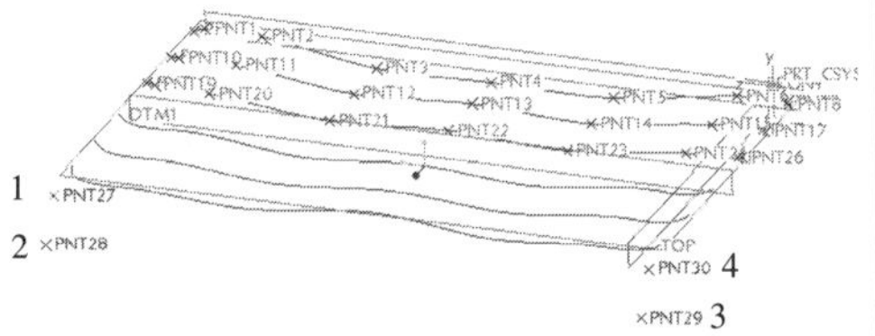

Erzeugen der Spline-Kurve

LEISTE DER KONSTRUKTIONS-ELEMENTE	mit LMB Icon *Bezugskurve einfügen* 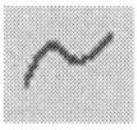 wählen → Fenster **Menü-Manager** öffnet sich
Fenster **Menü-Manager**	Durch Punkte ⇒ Fertig → Fenster **Kurve: Durch Punkte** öffnet sich
Fenster **Menü-Manager**	Einzelradius ⇒ Einzelpunkt
HAUPTARBEITSFENSTER	Mit LMB die ersten 3 Punkte selektieren.
MITTEILUNGSFENSTER	Biegeradius: <10> ⇒ ENTER
HAUPTARBEITSFENSTER	Mit LMB den letzten Punkt selektieren.
Fenster **Menü-Manager**	Fertig.
Fenster **Kurve: Durch Punkte**	Mit LMB Button *OK* wählen.

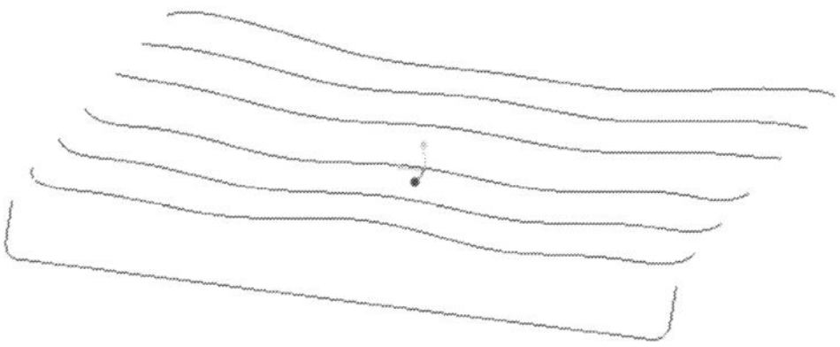

5.2.6 Erzeugen der B-Spline Fläche

LEISTE DER KONSTRUKTIONS-ELEMENTE	mit LMB Icon *Berandungsverbindungs-Tool*  wählen → DYNAMISCHE KONSTRUKTIONSWERKZEUGLEISTE erscheint
HAUPTARBEITSFENSTER	Mit STRG + LMB alle Kurven selektieren.
dynamische Konstruktions-werkzeugleiste	mit LMB Icon *Bestätigen*  wählen → DYNAMISCHE KONSTRUKTIONSWERKZEUG-LEISTE wird geschlossen

5.2.7 Erzeugen der zweiten Sitzfläche

Hauptarbeitsfenster	Mit LMB Sitzfläche selektieren.
LEISTE DER KONSTRUKTIONS-ELEMENTE	mit LMB Icon *Versetzen-Tool* wählen → DYNAMISCHE KONSTRUKTIONSWERK-ZEUGLEISTE erscheint
Dynamische Konstruktions-werkzeugleiste	mit LMB Button *Optionen* wählen → Fenster **Optionen** klappt auf
Fenster **Optionen** 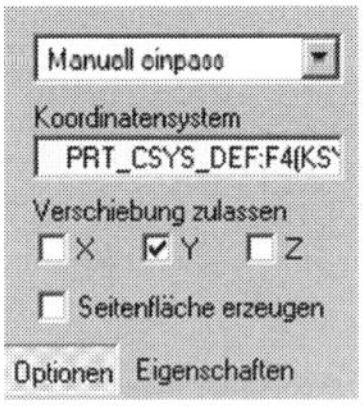	Einstellungen wie im Bild wählen.  Mit der Option <Manuell einpass> wird die Versatzrichtung durch die Achsen eines Koordinatensystems definiert.
DYNAMISCHE KONSTRUKTIONS-WERKZEUGLEISTE 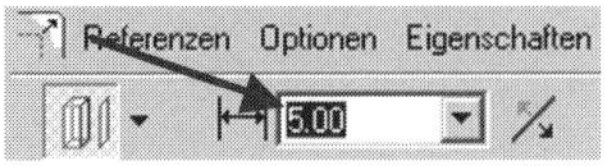	Versatz: <5> ⇒ ENTER ⇒ mit LMB Icon *Bestätigen*  wählen → DYN. KONSTRUKTIONSW. wird geschlossen

5.2.8 Verbinden der Sitzflächen

LEISTE DER KONSTRUKTIONS-ELEMENTE	mit LMB Icon *Berandungsverbindungs-Tool* wählen → DYNAMISCHE KONSTRUKTIONSWERKZEUGLEISTE erscheint
HAUPTARBEITSFENSTER	mit LMB eine Kante der oberen Sitzfläche selektieren ⇒ mit Shift+LMB die übrigen Kanten der oberen Sitzfläche selektieren ⇒ mit STRG+LMB eine Kante der unteren Sitzfläche selektieren ⇒ die restlichen Kanten der unteren Sitzfläche mit Shift+LMB selektieren 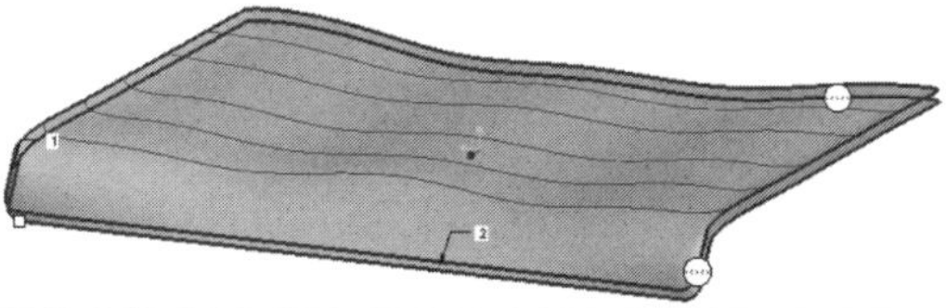
DYNAMISCHE KONSTRUKTIONS-WERKZEUGLEISTE	mit LMB Button *Bestätigen* wählen → DYN. KONSTRUKTIONSW. wird geschlossen

5.2.9 Verschmelzen der einzelnen Flächen

Erste Verschmelzung

HAUPTARBEITS-FENSTER	mit LMB die obere Sitzfläche selektieren ⇒ mit STRG+LMB die neu erzeugte Berandungsfläche wählen → der Button *Verschmelzen-Tool* wird aktiviert
LEISTE DER KONSTRUKTIONS-ELEMENTE	mit LMB Icon *Verschmelzen-Tool* wählen → DYNAMISCHE KONSTRUKTIONSW. erscheint
Dynamische Konstruktions-werkzeugleiste	mit LMB Icon *Bestätigen* wählen → DYN. KONSTRUKTIONSW. wird geschlossen

Zweite Verschmelzung

HAUPTARBEITSFENSTER	Mit LMB die untere Sitzfläche selektieren.

Fenster **Modellbaum / Dateibrowser**	mit STRG+LMB die eben erzeugt Sammelfläche [bestehend aus oberer Sitzfläche und neu erzeugter Berandungsfläche] wählen →der Button *Verschmelzen-Tool* wir aktiviert
Die eben erzeugte Sammelfläche kann auch direkt im Hauptarbeitsfenster selektiert werden. Sind viele Flächen im Modell vorhanden, ist die Auswahl über den **Modellbaum** meist übersichtlicher.	
LEISTE DER KONSTRUKTIONS-ELEMENTE	mit LMB Icon *Verschmelzen-Tool* wählen → DYNAMISCHE KONSTRUKTIONSW. erscheint
DYNAMISCHE KONSTRUKTIONS-WERKZEUGLEISTE	mit LMB Icon *Bestätigen* wählen → DYN. KONSTRUKTIONSW. wird geschlossen

5.2.10 Umwandeln in Volumenmodell

Fenster **Modellbaum / Dateibrowser**	mit LMB die zweite Sammelfläche wählen → Button *Verbundvolumen-Tool* wird aktiviert
LEISTE DER KONSTRUKTIONS-ELEMENTE	mit LMB Icon *Verbundvolumen-Tool* wählen → DYNAMISCHE KONSTRUKTIONSWERKZEUGLEISTE erscheint
DYNAMISCHE KONSTRUKTIONS-WERKZEUGLEISTE	mit LMB Icon *Bestätigen* wählen → DYNAMISCHE KONSTRUKTIONSWERKZEUGLEISTE wird geschlossen

5.2.11 Sitzkissen speichern

MENUELEISTE	Datei ⇒ Speichern	LMB ⇒

5.3 Modellieren der Lehne

- Grundfläche erzeugen
- Freiformfläche erzeugen
- Ausblenden der Rechteckfläche
- Aufdicken der Lehnenfläche und Erzeugen der Bohrungen

5.3.1 Neues Bauteil

Erzeugen eines neuen Bauteils; Name <lehne>

5.3.2 Grundflächen erzeugen

Erzeugen der Grundfläche

LEISTE DER KONSTRUKTIONS-ELEMENTE	mit LMB Icon *Extrudieren-Tool* wählen → DYNAMISCHE KONSTRUKTIONSWERK-ZEUGLEISTE erscheint
DYNAMISCHE KONSTRUKTIONS-WERKZEUGLEISTE	mit LMB Icon *Profilkörper als Fläche* wählen ⇒ mit LMB Button *Platzierung* wählen ⇒ Button *Definieren* wählen → Dialogfenster **Schnitt** erscheint
HAUPTARBEITSFENSTER	Mit LMB erzeugte Bezugsebene „FRONT“ selektieren.
Dialogfenster **Schnitt**	mit LMB Button *Skizze* wählen → Dialogfenster **Schnitt** wird geschlossen → Dialogfenster **Referenzen** erscheint → Dialogfenster **Auswahl** erscheint → Skizzieransicht wird im Hauptarbeitsfenster geöffnet → SKIZZIERWERKZEUGLEISTE erscheint
Fenster **Referenzen**	mit LMB Button *Schließen* wählen → Dialogfenster **Referenzen** wird geschlossen → Dialogfenster **Auswahl** wird geschlossen
SKIZZIER-WERKZEUGLEISTE	Mit LMB Icon *Linie erzeugen* wählen.
HAUPTARBEITSFENSTER	Eine Linie entsprechend Skizze erzeugen.
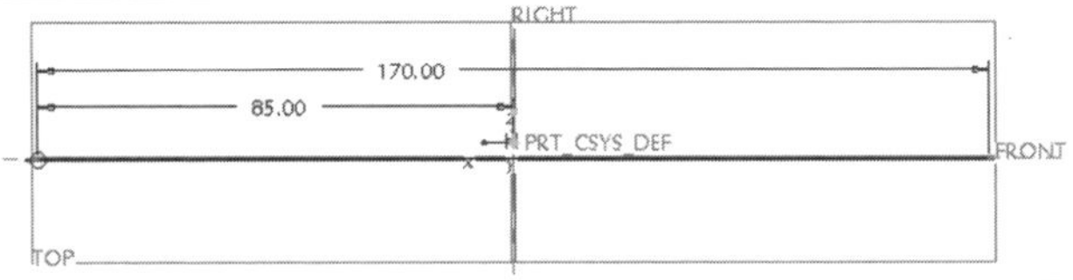 RIGHT 170.00 85.00 PRT_CSYS_DEF FRONT TOP	
SKIZZIER-WERKZEUGLEISTE	zum Fertigstellen → LMB Button *Aktuellen Schnitt fortsetzen* → Skizzieransicht wird im Hauptarbeitsfenster geschlossen

DYNAMISCHE KONSTRUKTIONS-WERKZEUGLEISTE	Extrusionstiefe: <570> ⇒ ENTER ⇒ mit LMB Icon *Bestätigen* wählen → DYNAMISCHE KONSTRUKTIONSWERKZEUGLEISTE wird geschlossen

5.3.3 Erzeugen der Freiformfläche

MENUELEISTE	EINFÜGEN ⇒ SPEZIAL ⇒ *Flächen-Freiform* → Fenster **Fläche: Freiform** erscheint
HAUPTARBEITSFENSTER	Mit LMB eben erzeugte Grundfläche selektieren.
MITTEILUNGSFENSTER	Im ersten Eingabefeld „Anzahl der Steuerkurven in angegebener Richtung eingeben": <4> ⇒ ENTER Im zweiten Eingabefeld „Anzahl der Steuerkurven in angegebener Richtung eingeben": <5> ⇒ ENTER → Fenster **Fläche ändern** erscheint
HAUPTARBEITSFENSTER	Knotenpunkte mit Hilfe des Menüs oder mit LMB verschieben.
Fenster **Fläche ändern**	zum Fertigstellen → Icon *Änderungen zuweisen und Dialog verlassen*
Fenster **Fläche: Freiform**	mit LMB Button *OK* wählen

5.3.4 Ausblenden der Rechtecksfläche

SYSTEMLEISTE	mit LMB Icon *Folien* wählen → im Fenster **Modellbaum / Dateibrowser** wird eine Übersicht der vorhandenen Folien dargestellt
Fenster **Modellbaum / Dateibrowser**	⇒ Neue Folie → Fenster **Folieneigenschaften** öffnet sich
Fenster **Folieneigenschaften**	Name: <UrsprFl> eingeben.
HAUPTARBEITSFENSTER	Ursprungsfläche selektieren.

Fenster **Folieneigenschaften**	mit LMB Button *OK* wählen → Fenster **Folieneigenschaften** wird geschlossen
Fenster **Modellbaum / Dateibrowser**	mit LMB Folie „UrsprFl“ selektieren ⇒ ⇒ Ausblenden
SYSTEMLEISTE	mit LMB Icon „Folien“ wählen → im Fenster **Modellbaum / Dateibrowser** wird wieder der Modellbaum / Dateibrowser dargestellt

5.3.5 Aufdicken der Lehnenfläche

HAUPTARBEITSFENSTER	Mit LMB Lehnenfläche selektieren.
LEISTE DER KONSTRUKTIONSELEMENTE	mit LMB Icon *Aufdicken-Tool* wählen → DYN. KONSTRUKTIONSW. erscheint
DYNAMISCHE KONSTRUKTIONS-WERKZEUGLEISTE Manuell einpass Koordinatensystem PRT_CSYS_DEF:F4(KS Verschiebung zulassen X Y Z Seitenfläche erzeugen Optionen Eigenschaften	mit LMB Button *Optionen* wählen → Fenster **Optionen** klappt auf ⇒ Einstellungen wie im Bild wählen Mit der Option <Manuell einpass> wird die Versatzrichtung durch die Achsen eines Koordinatensystems definiert. Versatz: <10> ⇒ ENTER ⇒ mit LMB Icon *Bestätigen* wählen → DYN. KONSTRUKTIONSW. wird geschlossen

Die Aufdickung erfolgt von der Bezugsebene Front aus, ggf. über den Button *Richtung der resultierenden Geometrie umkehren* die Richtung wechseln.

5.3.6 Erzeugen der Bohrungen

Erzeugen der ersten Bohrung

LEISTE DER KONSTRUKTIONSELEMENTE	mit LMB Icon *Bohrungs-Tool* wählen → DYN. KONSTRUKTIONSW. erscheint
HAUPTARBEITSFENSTER	Mit LMB Ebene „TOP „selektieren.

DYNAMISCHE KONSTRUKTIONS-WERKZEUGLEISTE	mit LMB Button *Platzierung* wählen ⇒ mit LMB auf Schriftzug „Keine Elemente“ im Fenster „HierKlicken, u...“
HAUPTARBEITSFENSTER	Mit STRG+LMB eine kurze und eine lange Kante der Berandung selektieren.
DYNAMISCHE KONSTRUKTIONS-WERKZEUGLEISTE 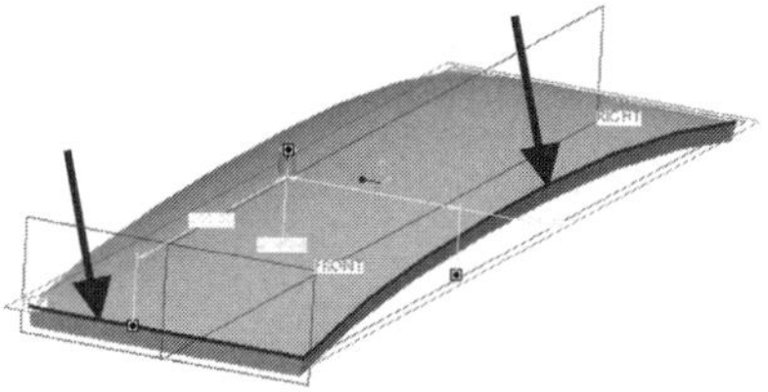	Abstand zur kurzen Kante <10> ⇒ ENTER ⇒ Abstand zur langen Kante <40> ⇒ ENTER ⇒ mit negativen Werten arbeiten, falls die Bohrung außerhalb der Fläche sitzt ⇒ mit LMB Pfeil  anklicken, um Tiefenoption zu wählen ⇒ die Option „Bis zu nächster Fläche bohren“ wählen 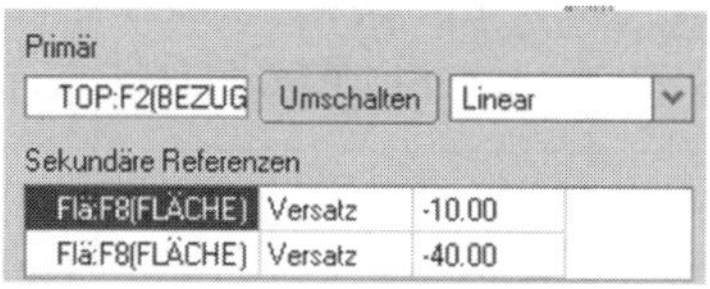

Erzeugen der restlichen Bohrungen

Hauptarbeitsfenster	Mit LMB eben erzeugte Bohrung selektieren.
LEISTE DER KONSTRUKTIONS-ELEMENTE	Mit LMB Icon *Muster-Tool* wählen. 
DYNAMISCHE KONSTRUKTIONS-WERKZEUGLEISTE	Mustertyp „Tabelle wählen“.
HAUPTARBEITSFENSTER	mit LMB die Bemaßung der ersten Bohrung wählen 1. Bemaßung <10> 2. Bemaßung <40>

dynamische Konstruktions-werkzeugleiste	mit LMB Button *Editieren* wählen → Tabelle für Muster erscheint
Tabelle für Muster	Bohrungen in Tabelle hinzufügen ⇒ Tabelle schließen

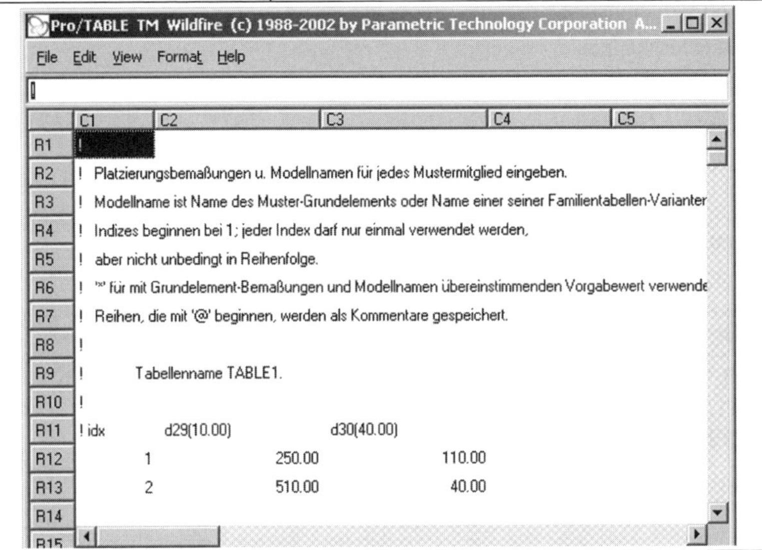

DYNAMISCHE KONSTRUKTIONS-WERKZEUGLEISTE	mit LMB Icon *Bestätigen* wählen → DYN. KONSTRUKTIONSW. wird geschlossen
 Sollten die erzeugten Bohrungen nicht folgendem Bild entsprechen:	
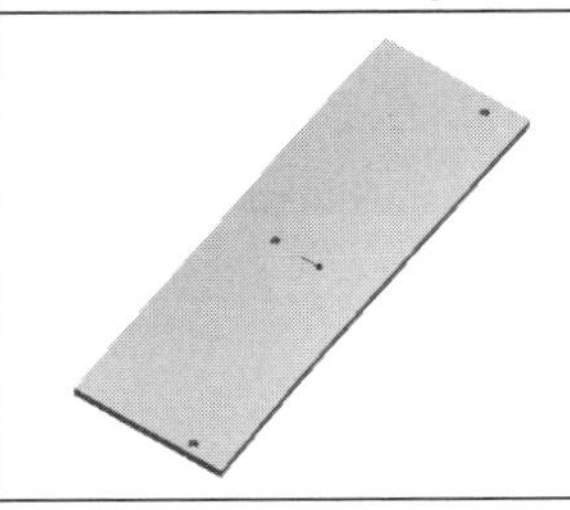	**Modellbaum/Dateibrowser** ⇒ Muster selektieren ⇒ RMB ⇒ Definitionen editieren ⇒ DYN. KONSTRUKTIONSW. ⇒ Button *Editieren* ⇒ Tabellenwerte ändern ⇒ Tabelle schließen ⇒ DYN. KONSTRUKTIONSW. ⇒ Icon *Bestätigen*

5.3.7 Lehne speichern

MENUELEISTE	DATEI ⇒ Speichern	LMB ⇒

5.4 Zusammenbau des Freischwingers

- zusätzliche Bezugselemente erzeugen und Rahmengeometrie anpassen
- Rahmen einbauen
- Lehne einbauen
- Sitzkissen einbauen
- Verschlusskappen erzeugen

5.4.1 Neues Bauteil

Erzeugen eines neuen Bauteils; Name <freischwinger>, Typ <Baugruppe>

5.4.2 zusätzliche Bezugselemente erzeugen

Bezugsebenen im Bauteil Lehne

MENUELEISTE	⇒ DATEI ⇒ *Öffnen* ⇒ Bauteil „Lehne" Öffnen
LEISTE DER KONSTRUKTIONS-ELEMENTE	Mit LMB Icon *Bezugsebenen-Tool* wählen.
HAUPTARBEITSFENSTER	Eine Bezugsebene mit Versatz von <10> zur Ebene „TOP" in Richtung der Lehne erzeugen.
Fenster **Bezugsebene** mit *OK* Beenden ⇒ Bauteil „Lehne" speichern ⇒ Bauteil „Lehne" schließen	

Bezugsebenen im Bauteil Sitzkissen

MENUELEISTE	DATEI ⇒ *Öffnen* ⇒ Bauteil „Sitzkissen" Öffnen
LEISTE DER KONSTRUKTIONS-ELEMENTE	Mit LMB Icon *Bezugsebenen-Tool* wählen.

HAUPTARBEITSFENSTER	Eine Bezugsebene parallel zur Ebene „TOP“, sowie durch einen Punkt in der Mitte des Sitzkissens erzeugen.

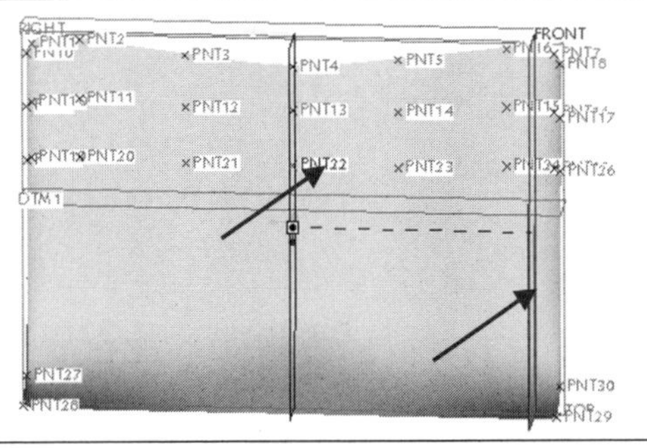

Fenster **Bezugsebene** mit *OK* Beenden ⇒ Bauteil „Sitzkissen“ speichern ⇒ Bauteil „Sitzkissen“ schließen

1. Bezugsebene im Bauteil Rahmen

MENUELEISTE	⇒ DATEI ⇒ *Öffnen* ⇒ Bauteil „Lehne“ Öffnen
LEISTE DER KONSTRUKTIONS-ELEMENTE	Mit LMB Icon *Bezugsebenen-Tool* wählen.
HAUPTARBEITSFENSTER	Die Lage der Bezugsebene durch 3 Punkte definieren.
Fenster **Bezugsebene** mit *OK* Beenden	

2. Bezugsebene im Bauteil Rahmen

MENUELEISTE	DATEI ⇒ *Öffnen* ⇒ Bauteil „Lehne“ Öffnen
LEISTE DER KONSTRUKTIONSELEMENTE	Mit LMB Icon *Bezugsebenen-Tool* wählen.
HAUPTARBEITSFENSTER	Halbkreis des Rohres entsprechend Bild selektieren.

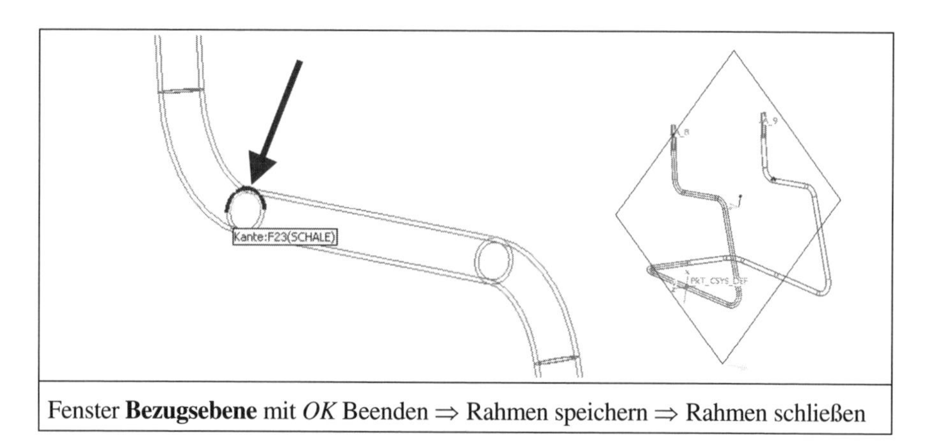

Fenster **Bezugsebene** mit *OK* Beenden ⇒ Rahmen speichern ⇒ Rahmen schließen

5.4.3 Einfügen und Ändern des Stuhlrahmens

LEISTE DER KONSTRUKTIONS-ELEMENTE	mit LMB Icon *Komponente in Baugruppe einfügen* wählen ⇒ Bauteil „Rahmen" Öffnen → Fenster **Platzierungsbedingungen** öffnet sich
Fenster **Platzierungs-bedingungen**	Bedingung „Koord Sys" aus Drop-Down Menü wählen.
HAUPTARBEITS-FENSTER	mit LMB Koordinatensystem des Rahmens selektieren [„PRT_CSYS_DEF"] ⇒ mit LMB Koordinatensystem des Zusammenbaus selektieren [„ASM_DEF_CSYS"] → Rahmen ist vollständig platziert ⇒ Fenster **Platzierungsbedingungen** mit *OK* Beenden

FENSTER **MODELLBAUM / DATEIBROWSER**	mit LMB Rahmen selektieren ⇒ RMB ⇒ Öffnen → Rahmen wird in neuem Fenster geöffnet ⇒ mit LMB erste erzeugte Bezugskurve selektieren [Leitkurve für Zug Verbund Körper] ⇒ RMB ⇒ Editieren
HAUPTARBEITS-FENSTER	Wert des Rohrs für die Sitzkissenauflage von <300> auf <350> ändern.
MENUELEISTE	Mit LMB Icon *Regenerieren* wählen.

5.4.4 Einfügen der Lehne

LEISTE DER KONSTRUKTIONS-ELEMENTE	mit LMB Icon *Komponente in Baugruppe einfügen* wählen ⇒ Bauteil „Lehne“ Öffnen → Fenster **Platzierungsbedingungen** öffnet sich
HAUPTARBEITS-FENSTER	im Bauteil „Lehne“ die vorhin erzeugte Bezugsebene selektieren ⇒ im Bauteil „Rahmen“ die vordere Fläche der Lehnenaufnahme selektieren
MITTEILUNGSFENSTER	Versatz <0> eingeben.

zweite Platzierungsbedingung: • Komponentenreferenz: eine Bohrung in der Lehnenaufnahme des Rahmens • Baugruppenreferenz: passende Bohrung in der Lehne dritte Platzierungsbedingung: • Komponentenreferenz: andere Bohrung in der Lehnenaufnahme des Rahmens • Baugruppenreferenz: passende Bohrung in der Lehne
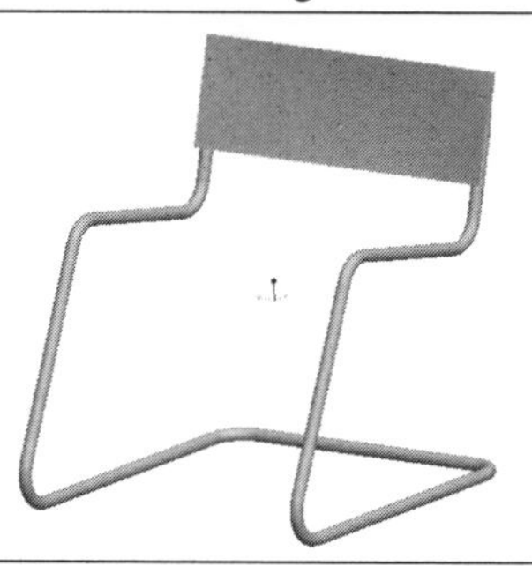

5.4.5 Einfügen des Sitzkissens

LEISTE DER KONSTRUKTIONS-ELEMENTE	mit LMB Icon *Komponente in Baugruppe einfügen*  wählen ⇒ Bauteil „Sitzkissen" öffnen → Fenster **Platzierungsbedingungen** öffnet sich
Als Platzierungsbedingung die Ebenen nutzen und gegebenenfalls die Abstände der Ebenen ändern, damit das Sitzkissen richtig positioniert wird.	
erste Platzierungsbedingung: • Komponentenreferenz: Ebene in der Mitte des Sitzkissens • Baugruppenreferenz: Ebene in der Mitte des Rahmens	
zweite Platzierungsbedingung: • siehe Bild • Versatz: <130>	
dritte Platzierungsbedingung: • siehe Bild	

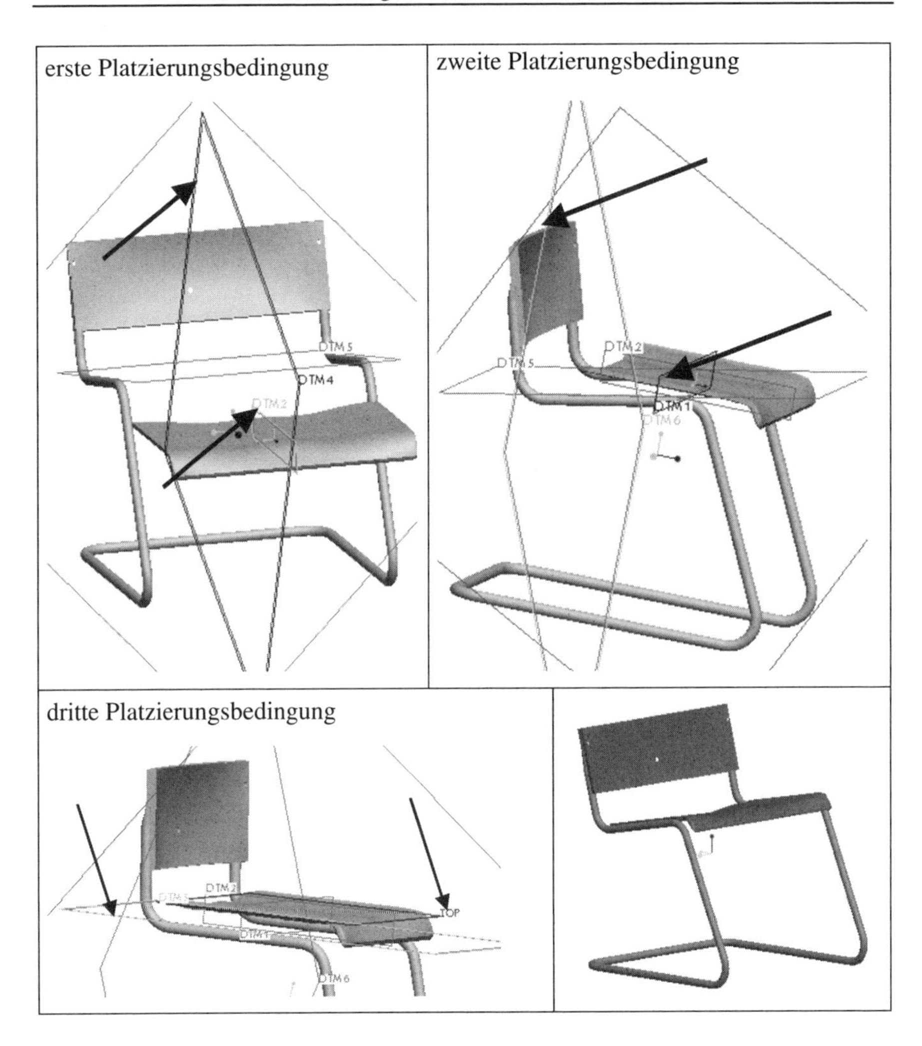

5.4.6 Erzeugen der Verschlusskappen

LEISTE DER KONSTRUKTIONS-ELEMENTE	mit LMB Icon *Komponente im Baugruppenmodus erzeugen* wählen → Fenster **Komponenten-erzeugung** erscheint

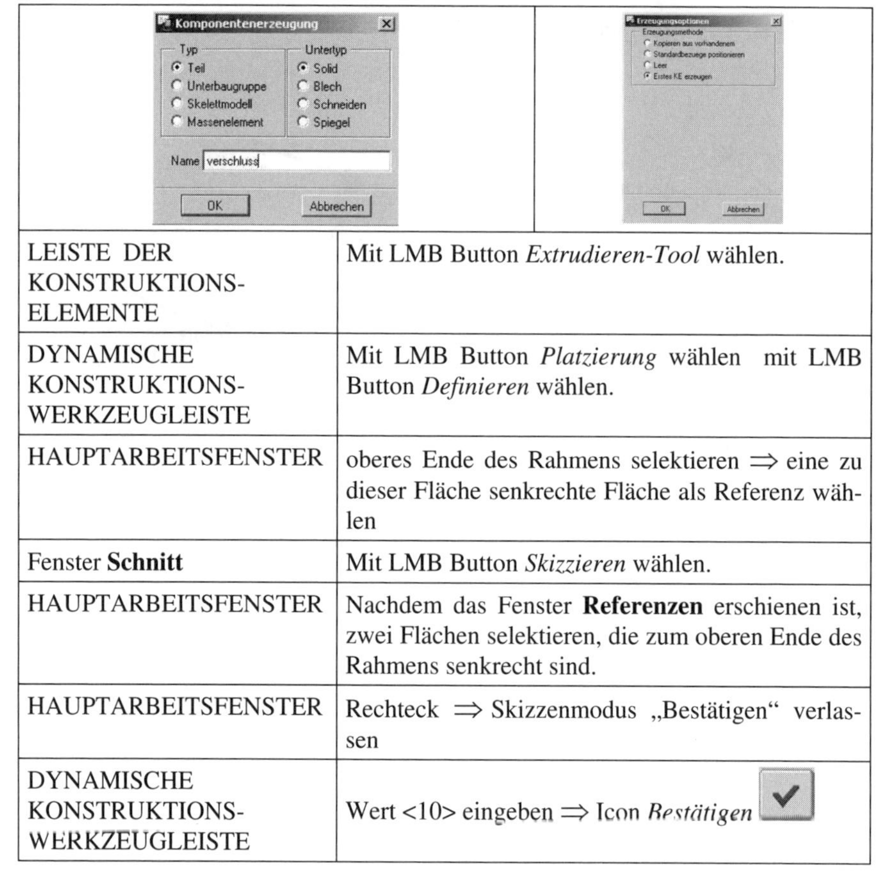

Komponentenerzeugung: Typ: Teil / Unterbaugruppe / Skelettmodell / Masseelement; Untertyp: Solid / Blech / Schneiden / Spiegel; Name: verschluss; OK / Abbrechen	Erzeugungsoptionen: Erzeugungsmethode: Kopieren aus vorhandenem / Standardbezuege positionieren / Leer / Erstes KE erzeugen; OK / Abbrechen
LEISTE DER KONSTRUKTIONS-ELEMENTE	Mit LMB Button *Extrudieren-Tool* wählen.
DYNAMISCHE KONSTRUKTIONS-WERKZEUGLEISTE	Mit LMB Button *Platzierung* wählen mit LMB Button *Definieren* wählen.
HAUPTARBEITSFENSTER	oberes Ende des Rahmens selektieren ⇒ eine zu dieser Fläche senkrechte Fläche als Referenz wählen
Fenster **Schnitt**	Mit LMB Button *Skizzieren* wählen.
HAUPTARBEITSFENSTER	Nachdem das Fenster **Referenzen** erschienen ist, zwei Flächen selektieren, die zum oberen Ende des Rahmens senkrecht sind.
HAUPTARBEITSFENSTER	Rechteck ⇒ Skizzenmodus „Bestätigen“ verlassen
DYNAMISCHE KONSTRUKTIONS-WERKZEUGLEISTE	Wert <10> eingeben ⇒ Icon *Bestätigen*

zweite Verschlusskappe analog

5.4.7 Speichern

MENUELEISTE	DATEI ⇒ Speichern	LMB ⇒

6 Übung 5: Mensatasse

- Rotation der Tassenkontur
- Fase und Rundung am Tassenboden anbringen
- Hohlkörper erzeugen
- Tassenhenkel modellieren
- Rundungen anbringen

6.1 Neue Datei erzeugen

Erzeugen eines neuen Bauteils; Name <tasse>

6.2 Erzeugen des Grundkörpers

LEISTE DER KONSTRUKTIONS-ELEMENTE	mit LMB Icon *Drehen-Tool* wählen → DYNAMISCHE KONSTRUKTIONSWERK-ZEUGLEISTE erscheint
DYNAMISCHE KONSTRUKTIONS-WERKZEUGLEISTE	mit LMB Button *Platzierung* ⇒ Button *Definieren* wählen → Dialogfenster **Schnitt** erscheint
HAUPTARBEITSFENSTER	Mit LMB Ebene „Front“ selektieren.
Schnitt entsprechend Skizze skizzieren, Mittellinie als Rotationsachse nicht vergessen	
SKIZZIER-WERKZEUGLEISTE	zum Fertigstellen → LMB Icon *Aktuellen Schnitt fortsetzen* ✔ wählen → Skizzieransicht wird im Hauptarbeitsfenster geschlossen

	Skizze: 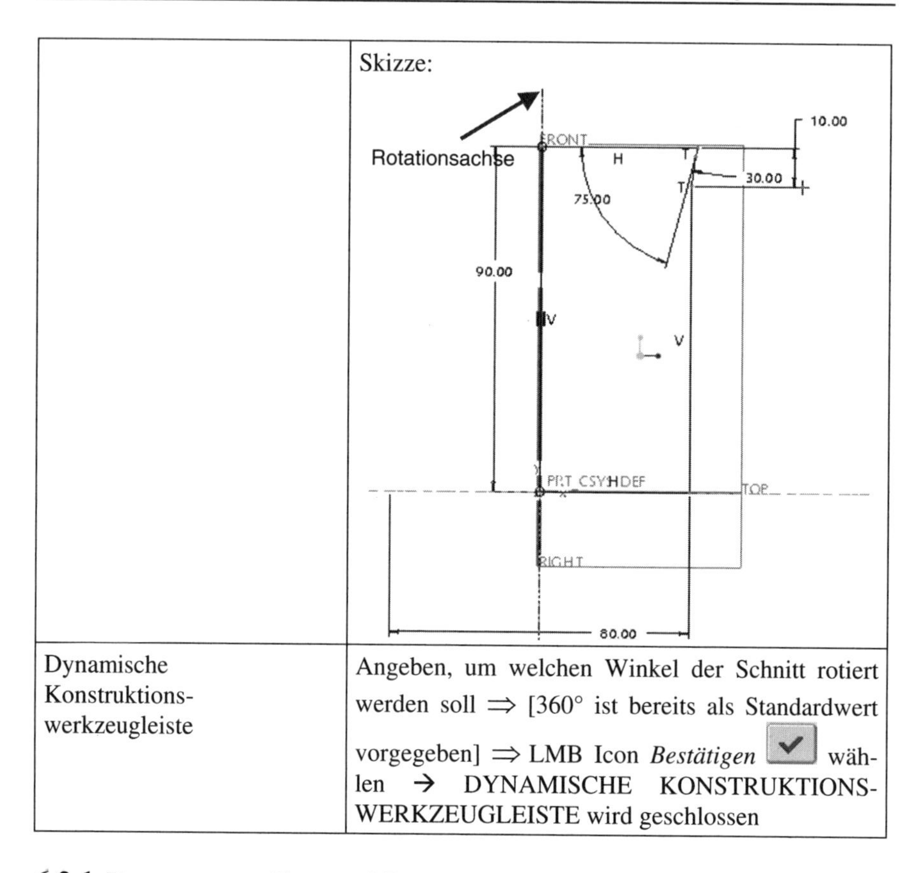
Dynamische Konstruktions-werkzeugleiste	Angeben, um welchen Winkel der Schnitt rotiert werden soll ⇒ [360° ist bereits als Standardwert vorgegeben] ⇒ LMB Icon *Bestätigen* wählen → DYNAMISCHE KONSTRUKTIONS-WERKZEUGLEISTE wird geschlossen

6.2.1 Erzeugen von Fase und Rundung

Erzeugen der Fase

LEISTE DER KONSTRUKTIONS-ELEMENTE	mit LMB Icon *Fase-Tool* wählen → DYNAMISCHE KONSTRUKTIONSWERKZEUG-LEISTE erscheint
HAUPTARBEITS-FENSTER	Kante für die Fase wählen [Kante zwischen Boden und Seitenfläche] ⇒ LMB ersten Halbkreis selektieren, Shift+LMB zweiten Halbkreis selektieren

DYNAMISCHE KONSTRUKTIONS-WERKZEUGLEISTE 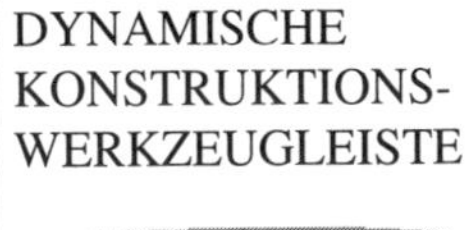 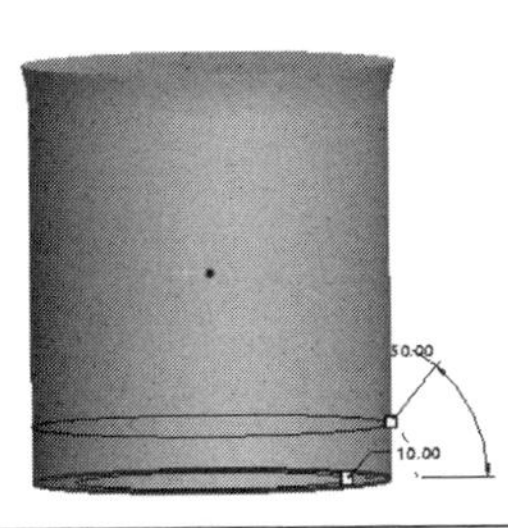	Erzeugungsart <„WinkelxD“> ⇒ Winkelwert <50> ⇒ ENTER ⇒ Fasenwert <10> ⇒ ENTER ⇒ mit Vorschaubutton prüfen ⇒ Vorschau mit LMB auf wieder verlassen ⇒ falls Winkel an der falschen Fläche angesetzt ist, die vom Winkel verwendete Fläche mit LMB auf Icon wechseln ⇒ anschließend wieder mit Vorschau prüfen ⇒ LMB Icon *Bestätigen* wählen → DYN. KONSTRUKTIONSW. wird geschlossen

Erzeugen der Rundung

LEISTE DER KONSTRUKTIONSELEMENTE	Mit LMB Icon *Rundungs-Tool* wählen.
HAUPTARBEITSFENSTER	mit LMB erste Teilkurve wählen ⇒ mit SHIFT+LMB zweite Teilkurve hinzuwählen
DYNAMISCHE KONSTRUKTIONS-WERKZEUGLEISTE	Radius: <15> ⇒ ENTER ⇒ LMB Icon *Bestätigen* wählen → DYNAMISCHE KONSTRUKTIONSWERKZEUGLEISTE wird geschlossen

Hohlkörper erzeugen

LEISTE DER KONSTRUKTIONSELEMENTE	Mit LMB Icon *Schalen-Tool* wählen.
HAUPTARBEITSFENSTER	Mit LMB Deckfläche selektieren.

Dynamische Konstruktionswerkzeugleiste	Dicke: <4> ⇒ ENTER ⇒ LMB Icon *Bestätigen* wählen → DYN. KONSTRUKTIONSW. wird geschlossen

6.2.2 Tassenhenkel modellieren

Leitkurve skizzieren

LEISTE DER KONSTRUKTIONSELEMENTE	mit LMB Icon Skizzen-*Tool* wählen → Fenster **Skizze** erscheint
HAUPTARBEITSFENSTER	Mit LMB Ebene „Front" selektieren.
Dialogfenster **Skizze**	mit LMB Button *Skizze* wählen → Dialogfenster **Schnitt** wird geschlossen → Dialogfenster **Referenzen** erscheint → Skizzieransicht wird im Hauptarbeitsfenster geöffnet → SKIZZIERWERKZEUGLEISTE erscheint
Dialogfenster **Referenzen**	mit LMB Button *Schließen* wählen → Dialogfenster **Referenzen** wird geschlossen
SKIZZIERWERKZEUGLEISTE	Skizzierwerkzeuge *Linie erzeugen* und *Kreisförmige Verrundung zwischen 2 Elementen erzeugen* verwenden
HAUPTARBEITSFENSTER	Kontur entsprechend Skizze erzeugen.

Skizze:

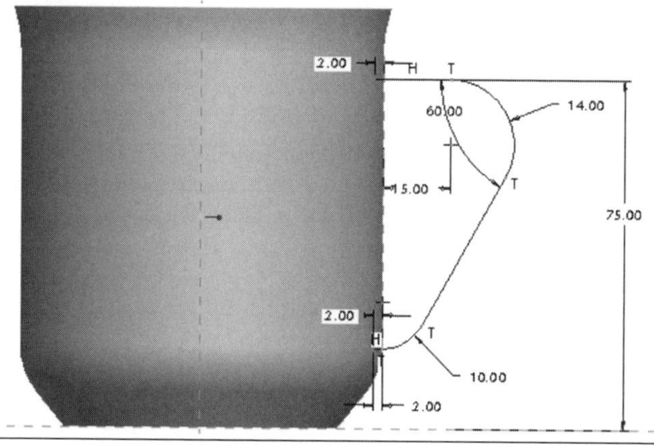

SKIZZIER-WERKZEUGLEISTE	zum Fertigstellen → LMB Icon *Aktuellen Schnitt fortsetzen* wählen → Skizzieransicht wird im Hauptarbeitsfenster geschlossen → Leitkurve wird erzeugt

Erzeugen der einzelnen Schnitte

MENUELEISTE	EINFÜGEN ⇒ ZUG-VERBUND-KE ⇒ *Körper* → Fenster **VERBUNDOPT** erscheint
Fenster **VERBUNDOPT**	Schn skizzieren ⇒ SenkrZuUrsprLtkrv ⇒ *Fertig* → Fenster **Körper: Zug-Verbund-KE,...** erscheint → Fenster **Menü-Manager** erscheint
Fenster **Menü-Manager**	Leitkurve ausw ⇒ Kurvenkette
HAUPTARBEITS-FENSTER	mit LMB die im vorhergehenden Schritt erzeugte Kurve selektieren
Fenster **Menü-Manager**	Alle wählen ⇒ Fertig ⇒ Fertig ⇒ Akzeptieren ⇒ Akzeptieren ⇒ Akzeptieren ⇒ Akzeptieren
Pro/ENGINEER bietet alle Punkte an, an denen ein Schnitt definiert werden kann. An den Punkten die mit *Akzeptieren* bestätigt wurden, wird im folgenden ein Schnitt definiert. Die Übergänge zwischen den einzelnen Schritten bestimmt Pro/ENGINEER selbstständig.	
MITTEILUNGSFENSTER	Drehwinkel für den Schnitt auf <0> belassen (Standardwert) ⇒ mit LMB Icon wählen → Skizzieransicht wird im Hauptarbeitsfenster geöffnet → SKIZZIERWERKZEUGLEISTE erscheint
SKIZZIER-WERKZEUGLEISTE	Skizzierwerkzeug *vollständige Ellipse erzeugen* wählen.
HAUPTARBEITS-FENSTER	Ellipse zeichnen (im Mittelpunkt der Strichlinien).

SKIZZIER-WERKZEUGLEISTE	zum Fertigstellen → LMB Icon *Aktuellen Schnitt fortsetzen* wählen → Skizzieransicht wird im Hauptarbeitsfenster geschlossen
Fenster **Menü-Manager**	Fertig

Die restlichen Schritte werden analog erzeugt. Die Wert für R_y und R_x können der folgenden Tabelle entnommen werden.

Nr.	R_x	R_y
1	4	10
2	4	9
3	4	8
4	3	7
5	4	10
6	4	10

Nachdem alle Schnitte erzeugt wurden im Fenster **Körper: Zug-Verbund-KE,...** den Button *OK* wählen.

6.2.3 Rundungen anbringen

LEISTE DER KONSTRUKTIONSELEMENTE	Mit LMB Icon *Rundungs-Tool* wählen.
Hauptarbeitsfenster	Durchdringungskanten des Henkels sowie die Trinkkanten selektieren.
DYNAMISCHE KONSTRUKTIONS-WERKZEUGLEISTE	Radius: <1.5> ⇒ ENTER ⇒ LMB Icon *Bestätigen* wählen → DYN. KONSTRUKTIONSW. wird geschlossen

6.3 Tasse speichern

MENUELEISTE	Datei ⇒ Speichern	LMB ⇒

7 Übung 6: Scharnier

- Oberteil als Blechteil erzeugen
- Unterteil als Standardkörper erzeugen
- Bolzen als Standardkörper erzeugen

7.1 Neue Datei erzeugen

Erzeugen eines neuen Bauteils; Name <oberteil>

7.2 Erzeugen des Oberteils

MENUELEISTE (APPLIKATION ⇒ *Blech*)	APPLIKATIONEN ⇒ *Blech* → Fenster **Menü-Manager** öffnet sich
Fenster **Menü-Manager**	Bestätigen → Pro/ENGINEER wechselt zur Applikation „Blech"
LEISTE DER KONSTRUKTIONS-ELEMENTE	Mit LMB Icon *Freie Profillasche erzeugen* wählen. Ist diese Funktion nicht in der LEISTE DER KONSTRUKTIONS-ELEMENTE vorhanden, dann: MENULEISTE ⇒ EINFÜGEN BLECHLASCHE ⇒ FREI ⇒ *Profil* → Fenster **ERSTE LASCHE: Profil** erscheint → Fenster **Menü-Manager** erscheint
Fenster **Menü-Manager**	Beide Seiten ⇒ Fertig
HAUPTARBEITSFENSTER	Mit LMB Ebene „Front" selektieren.
Fenster **Menü-Manager**	OK ⇒ Standard → Dialogfenster **Referenzen** erscheint → Dialogfenster **Auswahl** erscheint → Skizzieransicht wird im Hauptarbeitsfenster geöffnet → SKIZZIERWERKZEUGLEISTE erscheint

Dialogfenster **Referenzen**	mit LMB Button *Schließen* wählen → Dialogfenster **Referenzen** wird geschlossen → Dialogfenster **Auswahl** wird geschlossen
SKIZZIER-WERKZEUGLEISTE	Skizzierwerkzeuge *Linie erzeugen* verwenden.
HAUPTARBEITSFENSTER	Kontur entsprechend Skizze erzeugen.
Skizze:	
SKIZZIER-WERKZEUGLEISTE	zum Fertigstellen → LMB Icon *Aktuellen Schnitt fortsetzen* wählen → Skizzieransicht wird im Hauptarbeitsfenster geschlossen
Fenster **Menü-Manager**	Umschalten (Aufdickungsrichtung ist so zu wählen, dass der Zwischenraum von 30mm erhalten bleibt).
MITTEILUNGSFENSTER	Wert: <5> eingeben ⇒ ENTER
Fenster **Menü-Manager**	Fertig
MITTEILUNGSFENSTER	Wert: <50> eingeben ⇒ ENTER
Fenster **ERSTE LASCHE: Profil**	mit LMB Button *OK* wählen → Fenster **ERSTE LASCHE: Profil** wird geschlossen

Kantenbiegen

MENUELEISTE	EINFÜGEN ⇒ *Kantenbiegung* ⇒ Fenster **KantBieg** erscheint → Fenster **Menü-Manager** erscheint
HAUPTARBEITSFENSTER	Die zu biegenden Kanten (4 Stück) selektieren.
Fenster **Menü-Manager**	Fertig Sätze → Fenster **Menü-Manager** wird geschlossen
Fenster **KantBieg**	mit LMB Button *OK* wählen → Fenster **KantBieg** wird geschlossen

Bohrung erzeugen

4 Bohrungen erzeugen

Vorgehensweise:

- 2 Bohrungen (Bohrung 1 + 2) erzeugen (MENUELEISTE ⇒ Einfügen ⇒ *Bohrung*)
- restliche Bohrungen (Bohrung 3 + 4) durch Spiegeln erzeugen (MENUELEISTE ⇒ EDITIEREN ⇒ *Spiegeln*

Positionen der Bohrungen können der folgenden Skizze entnommen werden:

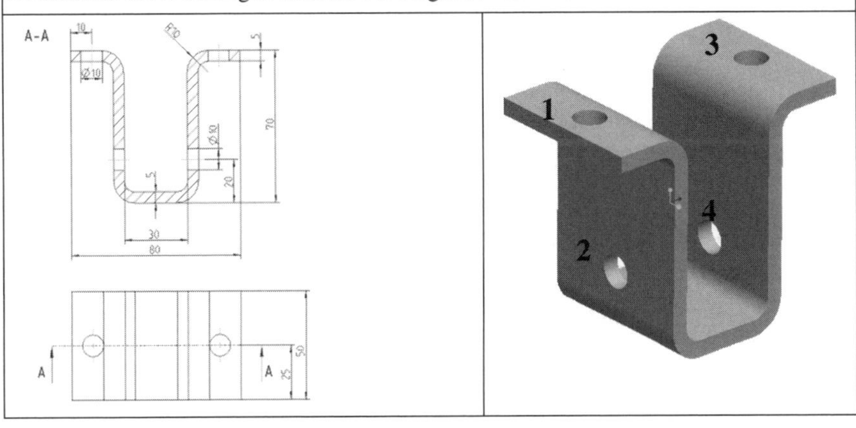

Abwicklung erzeugen

Die Abwicklung wird als Variante des bisher konstruierten Bauteils erzeugt und in einer Familientabelle gespeichert.

MENUELEISTE	EDITIEREN ⇒ EINSTELLUNGEN → Fenster **Menü-Manager** erscheint
Fenster **Menü-Manager**	Blech ⇒ AbwicklZustd ⇒ Erzeugen
MITTEILUNGSLEISTE	Namen für abgewickelte Variante eingeben Name: <oberteil_flach> ⇒ ENTER
FENSTER **Menü-Manager**	geformt → Fenster **Normaltyp** erscheint
HAUPTARBEITS-FENSTER	Fläche wählen, die beim Abwickeln unverändert bleibt.
Fenster **Normaltyp**	mit LMB Button *OK* wählen → Fenster **Normaltyp** wird geschlossen → abgewickelte Variante wird erzeugt Die abgewickelte Variante wird nicht im HAUPTARBEITSFENSTER dargestellt!

Beim Öffnen des Bauteils „Oberteil“ erfolgt eine Abfrage, welche Variante geöffnet werden soll. Zur Auswahl stehen die nicht abgewickelte Variante (generisches Teil) oder die Variante mit Abwicklung (oberteil_flach). Das Bauteil steht somit in 2 Zuständen zur Verfügung. Während sich die abgewickelte Variante z.B. für die Zeichnungserstellung nutzen lässt, kommt die nicht abgewickelte Variante bei der Baugruppenerstellung zum Einsatz.

7.2.1 Oberteil speichern

MENUELEISTE	DATEI ⇒ Speichern	LMB ⇒

7.3 Erzeugen des Unterteils

7.3.1 Neue Datei erzeugen

Erzeugen eines neuen Bauteils; Name <unterteil>

7.3.2 Unterteil erzeugen

LEISTE DER KONSTRUKTIONS-ELEMENTE	mit LMB Icon *Extrudieren-Tool* wählen → DYNAMISCHE KONSTRUKTIONSWERKZEUGLEISTE erscheint
Das Unterteil siehe Skizze skizzieren und extrudieren.	

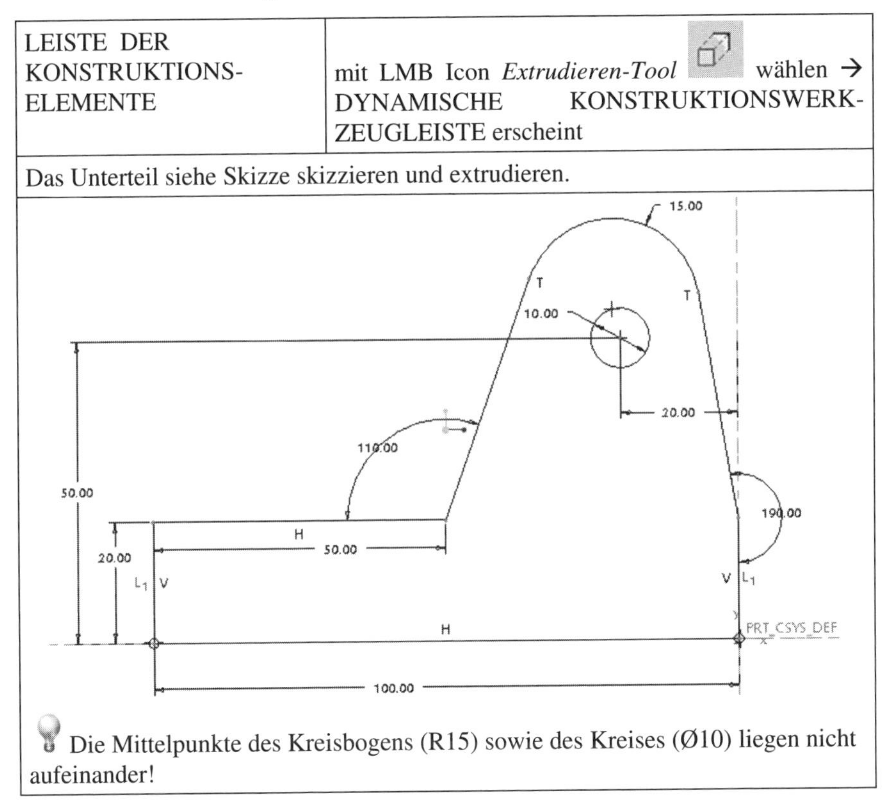

Die Mittelpunkte des Kreisbogens (R15) sowie des Kreises (Ø10) liegen nicht aufeinander!

Wechseln zur Applikation „Blech“

MENUELEISTE	APPLIKATIONEN ⇒ *Blech* → Fenster **Menü-Manager** öffnet sich Pro/E schlägt verschiedene Wege vor, um den Volumenkörper in ein Blechteil zu überführen.

Fenster **Menü-Manager**	Schale
HAUPTARBEITSFENSTER	Mit LMB die zu entfernenden Flächen selektieren. Die Flächen auf der Innenseite der Bohrung müsse ebenfalls selektiert werden.
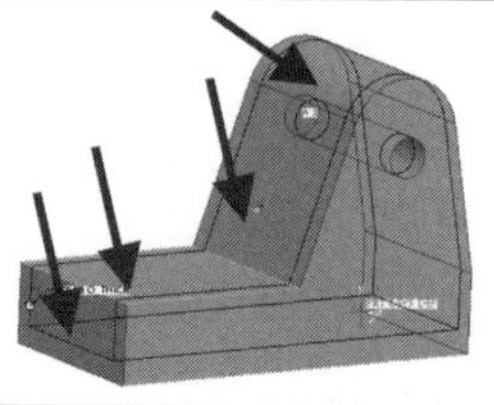	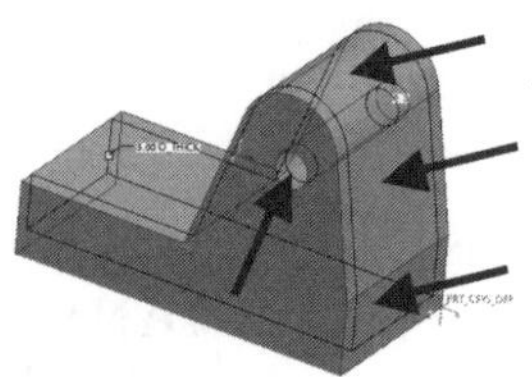
Fenster **Menü-Manager**	Fertig
MITTEILUNGSLEISTE	Dicke: <5> ⇒ ENTER → Schale wird erzeugt
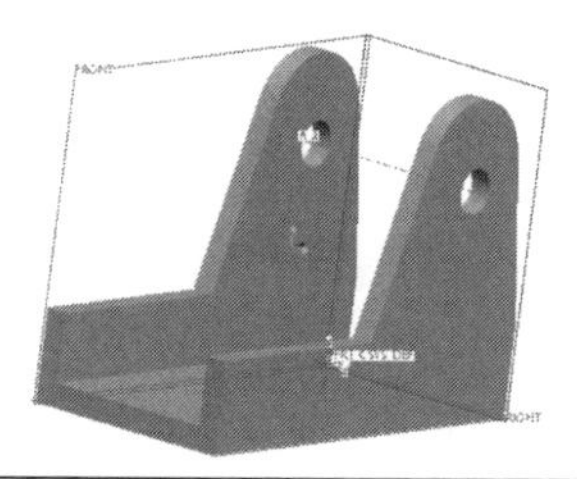	

Kantenbiegung erzeugen

MENUELEISTE	EINFÜGEN ⇒ *Kantenbiegung* → Fenster **KantenBieg** erscheint → Fenster **Menü-Manager** erscheint
HAUPTARBEITSFENSTER	Mit LMB die zu biegenden Kanten selektieren.
Fenster **Menü-Manager**	Fertig Sätze
Fenster **KantenBieg**	mit LMB Button *OK* wählen → Fenster **KantenBieg** wird geschlossen

7.3.3 Unterteil speichern

MENUELEISTE	DATEI ⇒ Speichern	LMB ⇒

7.4 Erzeugen des Bolzens

Erzeugen des Bolzens entsprechend Skizze. Empfohlene Vorgehensweise:

- Erzeugen des Grundkörpers durch Rotation
- Erzeugen der Rundungen mit Verrundungstool

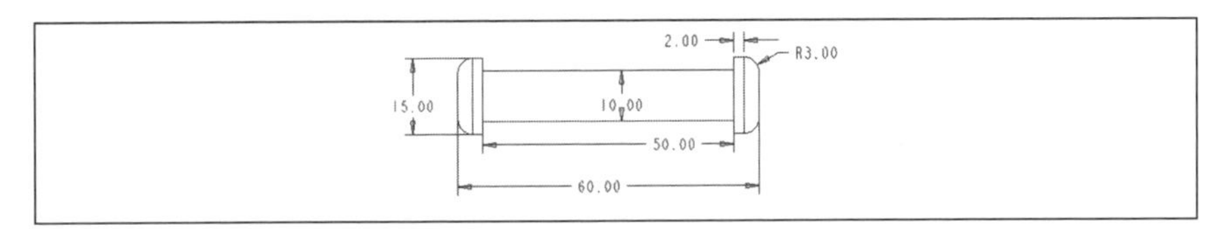

7.5 Zusammenbau des Scharniers

Beim Zusammenbau des Scharniers wird vom Bauteil „Oberteil“ die nicht abgewickelte Variante (generisches Teil) verwendet.

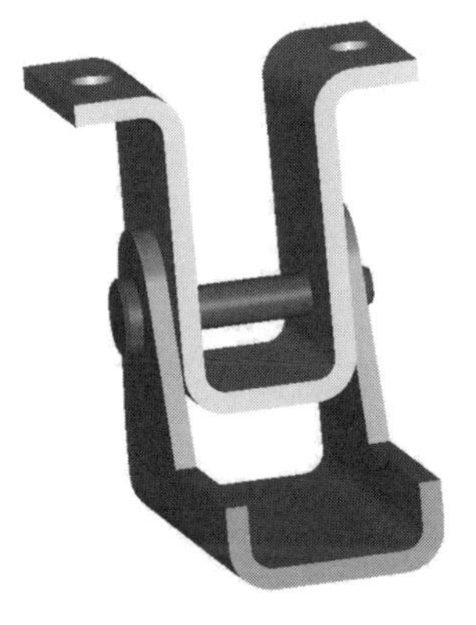

Schlusswort

Die hier beschriebenen Beispiele sind künstlich ausgewählt. Sie sollen vor allem die Grundlagen des Arbeitens mit dem CAD/CAM-System Pro/ENGINEER Wildfire 2 vermitteln. Zur selbständigen Vertiefung der Übungen und praktischen Umsetzung der Grundlagen sollte der interessierte Leser Beispiele aus dem späteren Anwendungsbereich des CAD/CAM-Systems oder Produkte aus dem täglichen Gebrauch (Brille, Locher usw.) auswählen und versuchen, diese ohne Anleitung zu modellieren. Hier kann zur weiteren Unterstützung das Sachwortregister oder die Online-Hilfe genutzt werden. Weitere Informationen zu Pro/ENGINEER sind auf der Homepage der Firma Parametric Technologie (http://www.ptc.com/germany) oder in verschiedenen Foren unter www.cad.de zu finden. Zur weiterführenden Unterstützung bei der Konstruktion von Bauteilen mit dem CAD/CAM-System Pro/ENGINEER Wildfire 2 steht Ihnen gern der Lehrstuhl für Maschinenbauinformatik der Otto-von-Guericke-Universität Magdeburg zur Verfügung (http://imk.uni-magdeburg.de/LMI/lmi.html).

Sachwortverzeichnis

Titel zur CAD-Technik

Harnisch, Hans Georg
AutoCAD-Zeichenkurs
Lehr- und Übungsbuch zur Version 2002
2., vollst. überarb. u. erw. Aufl. 2002.
VIII, 366 S. mit zahlr. Abb., 195 Beisp. u. 107 Aufg. Br. € 36,90
ISBN 3-528-13852-1

Köhler, Peter (Hrsg.)
CATIA V5-Praktikum
Arbeitstechniken der parametrischen 3D-Konstruktion
2., überarb. u. erw. Aufl. 2004.
X, 209 S. mit 178 Abb. u. 18 Tab.
Br. € 23,90
ISBN 3-528-13954-4

Köhler, Peter (Hrsg.)
Pro/ENGINEER-Praktikum
Arbeitstechniken der parametrischen 3D-Konstruktion
3., vollst. überarb. u. erg. Aufl. 2003.
X, 215 S. Br. € 21,90
ISBN 3-528-23124-6

List, Ronald
CATIA V5 - Grundkurs für Maschinenbauer
Bauteil- und Baugruppenkonstruktion Zeichnungsableitung
2005. X, 326 S. zahlr. Abb.
(Studium Technik) Br. € 28,90
ISBN 3-528-03997-3

Vajna, Sandor / Ledderbogen, Reinhard
CATIA V5 - kurz und bündig
Grundlagen für Einsteiger
2003. VIII, 103 S. mit 122 Abb.
Br. € 13,90
ISBN 3-528-03958-2

Wagner, Wolfgang / Engelken, Gerhard
UNIGRAPHICS-Praktikum mit NX3
Modellieren mit durchgängigem Projektbeispiel
2005. VIII, 302 S. zahlr. Abb.
(Studium Technik) Br. ca. € 26,90
ISBN 3-528-04120-X

Abraham-Lincoln-Straße 46
65189 Wiesbaden
Fax 0611.7878-400
www.vieweg.de

Stand Januar 2005.
Änderungen vorbehalten.
Erhältlich im Buchhandel oder im Verlag.